フライパンひとつで完成！

くり返し作りたくなる

至福のおうちパスタ

ファビオ［著］

イースト・プレス

INTRODUZIONE

はじめに

みなさんはワンパンパスタという言葉にどのようなイメージをお持ちですか？

「手間いらずで時短に特化した、フライパン1つで作れる簡単料理！」と感じている人が多いのではないでしょうか。ただそれ故に、まずくはないけど、通常の作り方と比べて美味しいのか？ と言われると微妙な反応になってしまう料理好きの人たちの顔が容易に想像できます。

　僕がそう思う理由は、日々SNS上でワンパンパスタに関するお悩みコメントが僕の元に届いているからであり、また僕自身が今回"ワンパンパスタ"というテーマに挑戦する前に、そう感じていたからです。

　しかし、ワンパンパスタを研究してきてわかってきた「基本的な考え方」を守るだけで、誰でも間違いなく美味しいパスタを作ることができます。

「基本的な考え方」とは、パスタの使い分けについてです。簡単にまとめると、テフロン加工のパスタはソースを選ばない万能型、ブロンズ加工のパスタはソースを選ぶ、ということです（詳細はP9をご参考ください）。

　まず失敗なく誰もが美味しいワンパンパスタを作るには、テフロン加工のパスタを使用しましょう。ワンパン調理はソースにとろみがつきやすいことが特徴ですが、ブロンズ加工のパスタの場合、極端に言えばソースがドロドロになりすぎて、美味しく作ることができない場合があります。ただもちろん、ブロンズ加工のパスタもソースの相性によってはとても美味しくなるケースがあります。P110-P111では、僕が研究した「パスタ早見表」にて、各メーカーのパスタのオススメレシピを記載しています。慣れてきたらそちらも参考にしながら、ワンパンパスタ作りを大いに楽しんでいただけたら嬉しいです。

ファビオ

CONTENTS

もくじ

(PART 1) 定番のパスタ

(PART 2) オイル系のパスタ

(PART 3)　トマト系のパスタ

(PART 4)　クリーム系のパスタ

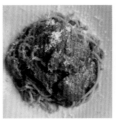

(PART 5)　和風のパスタ

(PART 6)　特別な日のパスタ

ワンパンパスタとは？

ワンパンパスタは、パスタ料理を全てフライパン1つで作る調理方法のことです。
別のコンロでお湯を沸かしパスタをゆでたり、具材を炒めておく必要がないので、
1人暮らしの人から家族のごはんを作る人に特におすすめです。
パスタ作りをよりラクに、美味しくしてくれるとっておきの調理方法です。

WHAT IS
ONE-PAN
PASTA?

（1）
ラクなのに、
とにかく美味しい

1つのフライパンしか使わず、簡単な工程で作りますが、とても美味しく作れます。「簡単な調理＝味は妥協」と思っている人には驚きの調理法でしょう。

（2）
ゆで時間に
洗い物も完了！

パスタと具材を煮込む間は手が空くので、洗い物や他のおかず作りに集中できます。身の回りが整った状態で料理が完成するので、気持ちよく食事が楽しめます。

（3）
よりうま味を
感じるパスタに

オイルにうつした香り、素材から出た自然なうま味、具材とパスタを混ぜ合わした時の一体感など、一緒に煮込むからこそ美味しいパスタ料理になります。

あると便利な調理道具たち

① ゴムベラ

鍋についたソースや食材を余すことなく盛りつける時に便利です。

② レードル / スプーン

パスタをフライパンに入れた際、沸いた湯をこれで麺に回しかけると、上手く沈みます。

③ トング

材料を炒めたり、ゆでたパスタを持ち上げる時に重宝します。

④ 計量カップ

パスタをゆでる水の量を量る時に使います。大きめのものがおすすめ。

基本の調理

ワンパンパスタを作る時に、これさえ知っていれば、ということを紹介します。
慣れてきたら、好きな切り方や加熱の具合がわかってくると思うので、
お好みで調整しながら、自分なりの美味しさを見つけていきましょう。

にんにくの準備3パターン

① つぶす

皮と芯を取ったら、写真のようにつぶします。にんにくのマイルドで優しい風味や香りを出したい時に。

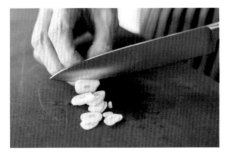

② スライス

皮と芯を取り、横向きに置いて薄い輪切りに。ほどよく風味が出て、チップ状の飾りつけにもなります。

③ みじん切り

皮、芯を取り、細かく刻みます。切れ目を入れておくと楽。細かいほどパンチの効いた風味になります。

ワンパンパスタの基本

① 具材を炒める

具材をフライパンで炒め、香りとうま味を引き出します。具材によっては、バットなどに上げておきます※。

② パスタと水を入れて煮込む

具材を炒めたフライパンに水、塩などとともにパスタを入れ、沈めてふたをし、煮込んでいきます。

③ 調味して、完成！

レシピに記載の時間になればふたを開け、水分量を調節しながら具材とパスタをなじませ、仕上げます。

※唐辛子は、入れたままにする、しないを辛さの好みで調整します。本書ではある程度加熱したら、取り出しているレシピが多いです

基本の調味料

① バター

加えるとソースにコクが生まれます。本書では無塩バターを使用していますが、塩の加減を調整し、有塩バターを使ってもOKです。

② コンソメ（顆粒だし）

うま味や風味をアップさせます。メニューによってビーフやチキンなどおすすめがありますが、自分の好きなもので大丈夫です。

③ 白だし

めんつゆより色が薄く、塩味やだしの風味が強いので、入れる分量が大事です。本書では希釈タイプのものを使用しています。

④ 生クリーム

まろやかな風味とコクを加えてくれ、クリーム系のソースなどで使います。本書ではフレッシュクリームの36％を使用しています。

⑤ オリーブオイル

手に入りやすいものでOKですが、調味料として香りや風味をより楽しみたい人は、エクストラバージンオリーブオイルがおすすめ。

⑥ チーズ

パスタではほとんどの場合、すりおろして使います。粉チーズでよいですが、おすすめのものはMEMOなどに記しています。

⑦ パセリ（イタリアンパセリ）

料理に爽快感が加わります。普通のパセリはクセがあり葉が硬いので、細かくみじん切りにして多少火を入れると食べやすくなります。

⑧ トマトペースト

トマトを濃縮したもの。フレッシュトマトよりも手軽にトマトのうま味を加えることができます（詳細はP9）。

パスタの使い分け

スーパーで売られているパスタは大きく2種類に分けることができます。
それぞれの使い方や違いなどを解説します。（さらに詳しく知りたい人はP110）

テフロン加工タイプ

表面がツルツルした質感のパスタ。特に辛みやキレのあるソースやスープ系との相性が良いですが、基本どのソースにも無難に合わせられるので、万能型ともいえます。

▶ バリラ，マ・マー，ブルネッラなど

ブロンズ加工タイプ

表面がザラザラのパスタ。だしベース、スープ系、魚介系との相性はとても悪いですが、野菜系やお肉を使ったラグーソースとの相性は良いです。ソースを選ぶパスタです。

▶ ディチェコ，ガロファロなど

トマトの使い分け

本書ではフレッシュトマトの他に、ペーストやピュレなどをレシピによって
使い分けています。意外と知られていない、それぞれの違いや使い方を解説します。

① **トマトペースト**

生のトマトを煮詰めて濃縮したペースト。フレッシュな香りはありませんが手軽にトマトのうま味とコクを加えることができます。

② **カットトマト**

ホールトマトより酸味が抑えられ、風味や香りは少なめ。トマト主役の料理ではなく、味のつなぎとなるような使い方がベストです。

③ **トマトホール缶**

トマト丸ごとの水煮で、酸味が強く、フレッシュな香りと風味が残っています。調理時はできるだけ強火にし、酸味を和らげます。

④ **トマトピュレ**

生のトマトを裏ごしし、加熱処理したもの。ホール缶と比べて尖った酸味がなく、温める程度で美味しくなるので、重宝します。

ファビオの
とっておきアドバイス

✓ 材料の表記について

本書では1人分の分量を記載しています。2人分は水の量以外は倍量にすればOKですが、そうでない場合は分量を記載しています。3人分、4人分の時は一度に作るより、1〜2人分の分量で2回作ったほうが失敗も少なく、美味しく作ることができます。

✓ パスタについて

本書ではスーパーで手に入りやすい1.7〜1.9mmのスパゲッティを使って美味しく作れるレシピを解説しています。基本的にはテフロン加工タイプのパスタを使用していますが(P9参照)、レシピによってはブロンズ加工タイプや、リングイーネやペンネなど別の麺がおすすめの時は、そのつど記載しています。

✓ 計量について

調味料を量る時は、1g単位で量れるキッチンスケール(秤)がおすすめです。調味料をきちんと量って調理することがおいしさへの近道。ですが慣れてきたら、自分のお好みで調整するなどして、さらに料理を楽しみましょう。

✓ 水の量について

メニューによって完成時の水分が多めのほうがよいもの、少ないほうがよいものがあり、材料のところに適切な水の量を記載しています。ただ、火力の調整具合によってはふたを開けた時に水分量が少なすぎたり、逆に多く残ったりします。水が足りなくなっていれば少し足せばよいですし、多すぎた場合は強火で水分を詰めていけば問題ありません。

✓ 火加減について

本書では、強火、中火、弱火、極弱火の4段階で解説しています。ワンパンパスタにおいては、炎が消えるか消えないかギリギリの極弱火でにんにくをじっくりと炒めて香りを出していくこと、そして水を入れて、しっかりとフライパンの中が沸いてからパスタを入れることが重要です(パスタを入れてからは沸騰を落ち着かせて、中火でふつふつなるくらいで煮込んでいきましょう)。中火〜弱火は、目安として記していますが、各家庭の火力にも差があるので、フライパンの中の沸き具合などを見ながら調節すれば大丈夫です。

✓ ふたについて

パスタを煮込む時に使うふたは、家にあるほかの鍋のふたでフライパンを覆えるものなら何でもOK。適当なふたがなければ大きな皿やアルミホイルでも構いません。汚れが周囲に飛び散らないのもそうですが、ふたをすると「もうこれで放置するだけ!」とホッとひと息つけて、別のことをする気持ちになれます。

PART 1

定番のパスタ

みんな大好きな定番のパスタ。
作り慣れた人たちにとっても、
ワンパン調理で行うことで、
いつもと一味違った美味しさに仕上がります。

みんな大好きなアーリオ・オーリオ・エ・ペペロンチーノ。味がうまく
決まらない、ソースに上手くとろみがつかないなどの悩みも、ワンパン
調理で解決できます。このレシピでは、白だしと大葉の風味が決め手。

やみつきペペロンチーノ

材料（1人分）

スパゲッティ	80g
水	360㎖(2人分は500㎖)
塩	3g
オリーブオイル	25g
にんにく	1かけ(つぶす)
唐辛子	1本(砕く)
白だし	5g
大葉	3枚(粗く刻む)

MEMO

大葉の代わりにイタリアンパセリ、パセリ、三つ葉でも美味しく仕上がります。

POINT

フライパンにパスタを入れたら、湯をレードルや大きめのスプーンで何度も回しかけることで次第に沈んでいきます。

作り方

1 ベースを作る

フライパンにオリーブオイル、にんにく、唐辛子を加え中火で加熱する。にんにくが全体的にふつふつとしてきたら、一度火を切る。オイルが落ち着いてきたら再び中火にして、フォークなどでにんにくをつぶしながら、オイルに香りをうつしていく。

2 水を加えて沸騰させたら、パスタをゆでる

フライパンに全量の塩、白だし、水を加え、強火で加熱する。しっかり沸騰したらパスタを入れ、沈めたらふたをし、中火で袋に表記の時間だけ加熱する。

3 水分をとばしてとろみをつける

時間になったらふたを開ける。残りの水分量を確認し、強火にして好みのとろみ加減になるまで水分をとばす。大葉を加えてさっと混ぜ合わせたら完成。

トマトペーストを使い、簡単にコク深いトマトソースパスタを作ります。
食材や調味料が少ないシンプルなレシピほど、加熱の仕方や火加減がと
ても重要になります。

濃厚ポモドーロ

材料（1人分）

スパゲッティ ………………………………………………	80g
水 …………………………………… 370㎖（2人分は510㎖）	
塩 ……………………………………………………………	3g
オリーブオイル ……………………………………………	25g
にんにく ………………………………………… 1かけ（つぶす）	
トマトペースト ……………………………………………	25g
バジル …………………………………… 1房分（茎と葉に分ける）	
粉チーズ ……………………………………………………	6g

POINT

トマトペーストはオイルの中で軽く炒めることで、にんにく、バジル、トマトの香りと風味がしっかりしたソースベースが完成します。

作り方

1 バジルとトマトの香りを立てる

フライパンにオリーブオイル、にんにく、バジルの茎を入れ、中火で加熱する。ふつふつしてきて、バジルの香りが立ったら茎を取り除き、弱火に落とす。トマトペーストを加え、軽く炒めて香りを出す。

2 パスタをゆでる

水と全量の塩を加えてしっかり沸騰させたら、パスタを入れ、沈めてふたをし、中火にして、袋表記の時間だけ加熱する。

3 バジルとチーズを混ぜ合わせる

時間になったらふたを開け、残りの水分量を確認し、調整する。水気が多い時は強火で煮詰めて火を止める。ちぎったバジルの葉と粉チーズを加え、混ぜ合わせたら完成。

イタリア・リグーリア州で愛される伝統的なパスタ料理です。このレシピではすり鉢を使い、丁寧にソースペーストを作ります。バジルのフレッシュさと、チーズとナッツの芳醇な味わいが美味しい一皿です。

クラシックジェノベーゼ

材料（1人分）

リングイーネ ……………………………………… 80g
水 ……………………………… 370mℓ（2人分は500mℓ）
塩 ………………………………………………… 3g
オリーブオイル …………………………………… 20g
にんにく ………………………………………… 6g
じゃがいも …………………… 40g（皮をむいて棒状に切る）
いんげん …………………………… 35g（斜め切り）
バジル …………………………………………… 20g
好みのナッツ（松の実がおすすめ） …………………… 15g
粉チーズ（ペコリーノチーズやグラナパダーノもおすすめ） ………… 6g

MEMO

ソースはミキサーで混ぜてもでき
ますが、より香り高くなるので、
すり鉢がおすすめ。すり鉢にはか
たいものから入れていきましょう。

作り方

1　パスタを入れ、具材をゆでる

フライパンに水と半量の塩を入れて沸かし、パスタを入れる。パスタを
沈めたら、じゃがいもといんげんを加えてふたをし、中火で袋表記の時
間、加熱する。いんげんは入れてから2分30秒後に引き上げておく。

2　バジルペーストを作る

ナッツ、にんにく、チーズ、残りの塩を入れてすり鉢ですりつぶす。少
しずつオリーブオイルを加えていき、最後にバジルを加え、すりつぶす。

3　パスタとペースト、具材を混ぜる

時間になったらふたを開け、フライパンを傾けた時に少し水気が残って
いる状態まで調整した後、火を止めてバジルペースト、いんげんを戻し
て混ぜ合わせる。

イタリア・ローマの本場のカルボナーラの美味しさを家庭でも手軽に味わえるように、豚バラ肉を使ったレシピを解説します。とろみのつきやすいワンパン調理で、理にかなった一皿に。

ローマ風カルボナーラ

材料（1人分）

スパゲッティ ………………………………………………	80g
水 ……………………………	380㎖（2人分は525㎖）
塩 ………………………………………………………………	4g
オリーブオイル ………………………………………………	15g
豚バラ肉（厚切り）…………………………………………	60g
卵黄 ……………………………………………………………	2個
粉チーズ ………………………………………………………	14g
黒こしょう …………………………………………………	適量

MEMO

粉チーズをパルミジャーノレッジャーノとペコリーノロマーノ（各7gずつ）にすれば、さらにコク深い味わいに。

POINT

より本格的な味を目指す人は豚バラ肉の脱水を1日前に行い、ラップはかけずに冷蔵庫で寝かせてから調理しましょう。

作り方

1 豚バラ肉を脱水させ、炒める

豚バラ肉の両面にまんべんなく塩と黒こしょうをふり、10〜15分おき、出てきた水分をペーパーでよくふき取ってから短冊切りにする。フライパンにオリーブオイルを入れ、弱火〜中火で肉をじっくり炒めていく。

2 卵黄ベースを作る

肉をカリカリに焼いたら、残りの塩と水を加え沸かす。沸いたらパスタを入れ、沈めてふたをし、中火で袋表記の時間、加熱する。ゆでている間に、ボウルなどで卵黄とチーズを混ぜ合わせておく。

3 パスタに卵黄ベースを混ぜ合わせる

時間になったらふたを開け、フライパンを傾けた時に少し水分が残っている状態になるまで調整し、火を止める。湯気が軽く落ち着いたら、卵黄ベースを加え、素早く混ぜ合わせる。盛りつけて黒こしょうをたっぷりかける。

アサリのうま味たっぷりのだしをパスタに吸わせながら煮込んでいく、
ワンパンのボンゴレ・ビアンコ。ワンパン調理だからこそ美味しくなる
パスタ料理の一つです。

ボンゴレ・ビアンコ

材料（1人分）

スパゲッティ ……………………………………………………… 80g
水 ……………………………………… 360㎖ (2 人分は500㎖)
塩 ……………………………………………………… 2〜3 g
オリーブオイル ………………………………… 30g(2 人分は55g)
にんにく ………………………………………… 1 かけ(つぶす)
唐辛子 ………………………………………………… 1 本(砕く)
アサリ ………………………………… 220g(砂抜きする)
イタリアンパセリ ………………………………………… 適量(刻む)

MEMO

新鮮で粒が大きいなど、アサリの状態がよい時は塩の量は少なめに、冷凍など、そうでない時は多めにします。

POINT

アサリはトッピング用を除いて、殻を外しておきます。外す時に砂があれば指先で感じるので、ていねいに取り除きましょう。

作り方

1 アサリを炒める

フライパンでにんにく、唐辛子、オリーブオイルを熱し、にんにくがふつふつしてきたら弱火に落とし、アサリを加える。アサリをオイルでコーティングするイメージで軽く炒める。

2 パスタをゆでる

水と全量の塩を加え沸かす。沸いたらパスタを入れて、沈めてふたをし、中火で袋表記の時間、加熱する。アサリの口が開いたらバットなどに引き上げておく。トッピング用以外のアサリは殻から出しておく。

3 水分量を調節してトッピングをする

時間になったらふたを開け、残りの水分量を確認し、強火で好みの水分量に調節する。アサリを戻して盛りつけ、トッピング用のアサリをのせたら、イタリアンパセリをかける。

アラビアータ（イタリア語で「怒りんぼう風」）という名の通り、パンチある辛いソースが特徴的なパスタ料理。にんにくと唐辛子のうま味をしっかりと引き出した、食欲をそそる一皿です。

ペンネアラビアータ

材料（1人分）

ペンネ	80g
水	250㎖
塩	3g
オリーブオイル	25g
にんにく	1かけ(細かいみじん切り)
唐辛子	2本(細かく砕く)
ホールトマト	130g
イタリアンパセリ	お好み

POINT

にんにくと唐辛子は細かく刻み（砕き）、じっくり加熱することで、パンチのある香りと辛みのソースになります。

作り方

1 パンチのある辛いにんにくオイルを作る

フライパンにオリーブオイル、にんにく、砕いた唐辛子を入れ中火にし、ふつふつとしてきたら極弱火に落とす。にんにくが色付くまで加熱した後、ホールトマトをくずさずに加え中火で炒める。

2 パスタをゆでる

全量の塩、水を入れて沸かす。沸いたらパスタを入れ、沈めてふたをし、袋表記＋2分で加熱する。

3 好みのかたさにする

時間になったらふたを開ける。歯ごたえしっかりがよい場合はすぐに火を止めて盛りつけ、少しやわらかいものが好みの時はさらに2分間、ふたをして加熱する。お好みで、仕上げにイタリアンパセリをかける。

チーズ好きにはたまらない、ローマのパスタ料理です。イタリア語で「チーズとこしょう」を意味し、コク深いチーズの味わいと味を引き締める黒こしょうのアクセントが美味しい、シンプルながら最高のパスタです。

カッチョエペペ

材料（1人分）

スパゲッティ ……………………………………………………… 80g
水 …………………………………………… 390㎖(2 人分は510㎖)
塩 ……………………………………………………………………… 2.5g
無塩バター ………………………………………………………… 10g
粉チーズ …………………………………………………………… 14g
黒こしょう ………………………………………………………… 2 g

POINT

チーズとゆで汁を混ぜ合わせて、なめらかなペーストを作ります。

作り方

1　黒こしょうとバターの風味を出す

ミルなどで粗く削った黒こしょうをフライパンに入れ、中火で加熱する。こしょうの香りが立ってきたらバターを加え溶かし、水と全量の塩を加えて沸騰させる。

2　パスタをゆでている間にチーズを用意する

沸いたらパスタを入れ、沈めてふたをし、中火で袋表記の時間、加熱する。パスタがゆで上がるまでの間にチーズを準備し、ゆで汁を加えて混ぜ合わせ、ペースト状にしておく。

3　火を止めてからチーズを入れる

時間になったらふたを開けて水分量を確認する。フライパンを傾けた時に水気が十分に残っている状態で火を止める。チーズを加えて混ぜ合わせ、溶けたら盛りつけ、たっぷりの黒こしょうをかける。

イタリアでは「ボロネーゼ」として親しまれますが、本場のボロネーゼ
のエッセンスをもとに、日本人が馴染み深い喫茶店のミートソースから
ヒントを得た、子どもから大人までわくわくする一皿です。

喫茶店のミートソースパスタ

材料（1人分）

スパゲッティ	80g
水	370㎖（2人分は500㎖）
塩	4g
オリーブオイル	20g
にんにく	1かけ（すりおろす）
カットトマト	120g
コンソメ	4g
牛豚合びき肉	100g
玉ねぎ	30g（粗みじん切り）
パセリ	適量（刻む）
黒こしょう	適量
粉チーズ	適量
ペッパーソース	お好み

POINT

ひき肉を焼く時はハンバーグくらいの大きさにまとめて焼き色をつけていき、玉ねぎと炒め合わせる時にくずします。

作り方

1 ひき肉と玉ねぎを炒める

ひき肉に半量の塩と黒こしょうをふり、にんにくを加えて練る。10分ほど冷蔵庫で寝かせた後、フライパンにオリーブオイルを加えて、中火で肉ダネに焼き目をつけたら、玉ねぎを入れる。ひき肉はほぐしながら、玉ねぎが透き通るまで炒め合わせる。

2 パスタをゆでる

カットトマト、水、残りの塩、コンソメを入れて沸かす。沸いたらパスタ入れ、沈めてふたをし、中火で袋表記の時間、加熱する。

3 水分量を調整する

時間になったらふたを開け、水分量を確認し、好みの量まで調整する。お皿に盛りつけ、粉チーズ、黒こしょう、パセリをふりかける。ペッパーソースはお好みで。

ベーコンのうま味とたまねぎの甘味、そしてピーマンの爽やかさがアク
セントになった、バランスの良い美味しさのTHE日本のパスタ料理です。
粉チーズとペッパーソースをふりかけて食べるのがおすすめです。

焼きナポリタン

材料（1人分）

スパゲッティ	80g
水	340㎖（2人分は500㎖）
塩	3g
オリーブオイル	15g
バター	10g
ケチャップ	40g
ベーコン	45g(短冊切り)
玉ねぎ	25g(くし切り)
ピーマン	1個(千切り)
マッシュルーム	2個(スライス)
ミニトマト	3個(半分に切る)
パセリ	適量(刻む)
黒こしょう	適量
粉チーズ	お好み
ペッパーソース	お好み

POINT

バターを入れるタイミングは、あっさり仕上げたいときにはパスタをゆでる前に、よりコクを出したいときは、ゆでた後に加えます。

作り方

1 具材を炒める

フライパンにオイルとベーコンを入れ、中火で炒める。焼き色がついたらマッシュルーム、玉ねぎ、ミニトマト、ピーマンの順に加え、少量の塩と黒こしょうをふって炒め、バットなどに引き上げておく。

2 パスタをゆでる

フライパンに水、残りの塩，半量のケチャップ、バターを加えて沸かす。沸いたらパスタを入れ、沈めてふたをし、中火で袋表記の時間、加熱する。

3 具材を戻して炒める

時間になったらふたを開け、強火で水分が完全になくなるまでパスタを焼き炒めたら、残り半量のケチャップを加え、具材を戻し、パチパチと音がするまで炒め合わせる。盛りつけて、パセリ、お好みで粉チーズ、ペッパーソースをかけて完成。

暗殺者のパスタ

材料（1人分）

スパゲッティ	80g
水	250㎖
塩	2g
オリーブオイル	35g
にんにく	1かけ（粗みじん切り）
唐辛子	2本（砕く）
トマトピュレ	120g
トマトペースト	16g

作り方

1 ソースを準備する

フライパンににんにく、唐辛子、オリーブオイルを入れ、にんにくがふつふつとするまで中火で加熱したら、トマトピュレと全量の塩を加える。トマトピュレが沸いたら、パスタを入れ、レードルなどでトマトピュレを回しかける。

2 パスタをカリカリに焼く

パスタが沈んだら弱火〜中火に落とし、表側3分、裏側3分加熱し、カリカリに焼き炒める。この間、パスタには触らないでおく。水分が少なくなるとオイルがはねるので要注意。

3 トマトペースト水を少しずつかける

両面焼けたら、水にトマトペーストを溶かし合わせたものを少しずつ加えていく。水分がなくなってきたら足す…を繰り返し、トータルで約9分加熱する。完全に水気を飛ばしたら完成。

PART 2

オイル系のパスタ

丸ごと野菜など、さまざまな食材を使った
オイルベースのパスタ料理。
食材のうま味と香りを
最大限に活かしたレシピが特徴です。

3種類のきのこを使って、香り高いペペロンチーノを作ります。オイル
系のパスタは調理工程やベースが近いものが多いですが、各食材の風味
やうま味の引き出し方に違いがあり、美味しさのポイントになります。

きのこのペペロンチーノ

材料（1人分）

スパゲッティ ……………………………………… 80g
水 ………………………………… 360㎖（2人分は500㎖）
塩 ……………………………………………………… 3g
オリーブオイル ………………………… 30g（2人分は55g）
にんにく ……………………………………… 1かけ(みじん切り)
唐辛子 ………………………………………… 1本(砕く)
白だし ………………………………………………… 5g
きのこ3種（お好み） ………………… 90g(ほぐしておく)
イタリアンパセリ ……………………………… 適量(刻む)

MEMO

きのこは大きめに手でほぐしておくことで、調理中にうま味を出しやすく、咀嚼した時に香りをより感じられるようになります。

POINT

フライパンに炒めたきのこを入れたままパスタをゆでていきます。こうすることで、パスタにきのこのうま味と香りをまとわせます。

作り方

1 きのこを炒める

少量のオリーブオイルできのこを中火で炒め、焼き色がしっかりとついたら火を切る。フライパンの熱が落ち着いたら、きのこはフライパンの隅に寄せ、にんにくと唐辛子、残りのオリーブオイルを加えて、弱火で炒める。にんにくが薄く色付いたら、きのこと混ぜ合わせ少量の塩をふる。

2 パスタをゆでる

水と残りの塩、白だしを加えて沸かす。沸いたらパスタを入れ、沈めてふたをし、中火で袋表記の時間、加熱する。

3 水分量を調節する

時間になったらふたを開け、好みの水分量まで調整する。このレシピは水分量が少し多めくらいが美味しい。イタリアンパセリを加えて混ぜ合わせ、盛りつける。

イタリア・カンパニア州にあるソレント地方の伝統料理「スパゲッティ アルネラーノ」をベースにしたワンパンパスタです。みずみずしいズッキーニは揚げ焼きにすることで、うま味をギュッととじ込めます。

揚げズッキーニのパスタ

材料（1人分）

リングイーネ ……………………………………………… 80g
水 ………………………………… 350mℓ(2人分は500mℓ)
塩 ………………………………………………………… 3.5g
オリーブオイル ……………………………………………… 20g
無塩バター ………………………………………………… 15g
ズッキーニ ………………………………………… ½本(スライス)
バジル ……………………………… 1房分(葉と茎に分けておく)
粉チーズ …………………………………………………… 12g

MEMO

スライスしたズッキーニにはまんべんなく塩をふって10分おいておき、断面に出てきた水分をペーパーでしっかりとふき取っておきましょう。

POINT

ズッキーニは高温で加熱した後、弱火に落とし、じっくりと揚げ焼きにします。

作り方

1　ズッキーニを揚げ焼きする

フライパンにオリーブオイルを加え、バジルの茎とMEMOの調理をしたズッキーニを並べて入れ、揚げ焼きしていく(POINT参照)。バジルの茎は軽く色付いてきたら引き上げる。

2　パスタをゆでる

水と残りの塩とバターを加えて沸かす。沸いたらパスタ入れ、沈めてふたをし、中火で袋表記の時間、加熱する。

3　仕上げる

時間になったらふたを開け、強火で好みの水分量になるまで混ぜ合わせながら調整する。ちぎったバジルの葉を加えて火を止め、粉チーズを加えて混ぜ合わせたら、完成。

貧乏人のパスタ

材料（1人分）

スパゲッティ	80g
水	350㎖（2人分は510㎖）
塩	3g
オリーブオイル	25g（2人分は55g）
にんにく	1かけ(スライス)
コンソメ顆粒	4g
卵	2個
粉チーズ	10g
黒こしょう	適量

作り方

1 目玉焼きとにんにくチップを作る

フライパンにオリーブオイルとにんにくのスライスを加え、中火で熱し、ふつふつとしてきたら極弱火に。にんにくが色付き、チップ状になったらバットなどに取り上げておく。そのオイルに卵1個を加え、目玉焼きを作り、塩と黒こしょうをふってバットなどに上げておく。

2 卵のベースを作ってパスタをゆでる

オイルの中にもう1個の卵を落とし、残りの塩を加えて混ぜ合わせたら、水とコンソメを加えて沸かす。沸いたらパスタを入れ、沈めてふたをし、中火で袋表記の時間、加熱する。

3 チーズを合わせて目玉焼きをのせる

時間になったらふたを開け、必要に応じて、強火で水分量を調整する。火を止め、粉チーズを加えて混ぜ合わせ、盛りつけたら、にんにくチップ、目玉焼きをのせてでき上がり。

くたくたブロッコリーのパスタ

材料（1人分）

スパゲッティ ………………………………… 80g
水 ………………………… 360㎖（2人分は500㎖）
塩 ………………………………………………… 2.5g
オリーブオイル …… 30g（うち仕上げ用は5g）
にんにく ………………………… 1かけ（みじん切り）
唐辛子 …………………………… 1本（粗く砕く）
アンチョビ ……………………………………… 2本
ブロッコリー ‥ 110g（食べやすい大きさに切る）

作り方

1 ブロッコリーのベースを作る

フライパンににんにく、唐辛子、オリーブオイルを入れ中火で加熱し、にんにくがふつふつとしてきたら極弱火に落とす。にんにくが薄く色付いてきたら、ブロッコリーと少量の塩、アンチョビを加え炒める。

2 ゆで時間の後半でブロッコリーをくずす

アンチョビが溶けたら、残りの塩と水を加えてしっかり沸かす。沸いたらパスタを入れ、沈めてふたをし、中火で袋表記の時間、加熱する。ゆでている時にふたを開けてブロッコリーをくずしておく。

3 ブロッコリーのソースをなじませる

水分量を確認し、必要であれば強火などで好みの量まで調整して、完成。

日本では珍しいかもしれませんが、カラブリア州やシチリアなど、南イタリアでは馴染み深い、パン粉を使ったクラシックなパスタです。パン粉はオイルで炒ってカリカリにしていきます。

ツナ缶と
カリカリパン粉のパスタ

材料（1人分）

スパゲッティ	80g
水	360㎖（2人分は500㎖）
塩	3g
オリーブオイル	35g（2人分は55g）
にんにく	1かけ(みじん切り)
トマトペースト	4g
アンチョビ	1本
ツナ缶	½缶(目安35g)
パン粉	12g
イタリアンパセリ	適量(刻む)
白こしょう	少々

POINT

パン粉はから煎りでもできますが、少量のオリーブオイルを入れたほうが焦げにくいです。時々ゆすりながら火を入れていきます。

作り方

1 カリカリパン粉をつくる

フライパンに少量のオリーブオイルとパン粉、少量の塩、半量のアンチョビを加える。弱火〜中火でパン粉がきつね色になるまで炒め、バットなどに上げておく。

2 ツナを炒める

フライパンの熱が落ち着いたら、残りのオリーブオイルとにんにくを加えて中火で熱する。にんにくがふつふつとしてきたら極弱火にし、薄く色付くまで炒めた後、ツナ缶と残りのアンチョビ、トマトペースト、白こしょうを加えて、水分をとばすように炒める。

3 パスタをゆでる

残りの塩、水を加え沸かす。沸いたらパスタを入れ、沈めてふたをし、中火で袋表記の時間、加熱する。時間になったらふたを開けて水分量を調整する。イタリアンパセリを加え、**1**のパン粉をふりかけたら完成。

オイル系のパスタの中でも、定番として人気の高いしらすを使ったペペロンチーノ。キャベツの使い方や、ゆで方がポイントになります。アンチョビやレモンの皮を加えることで、いつもよりさらに美味しく。

しらすとキャベツの
ペペロンチーノ

材料（1人分）

スパゲッティ ………………………………………………	80g
水 ………………………………………	360㎖（2人分は500㎖）
塩 ……………………………………………………………	3g
オリーブオイル ……………………………………………	25g
にんにく …………………………………………	1かけ(スライス)
唐辛子 ……………………………………………………	1本(砕く)
アンチョビ …………………………………………………	1枚
キャベツ …………………………	50g(芯は刻み、葉はちぎる)
しらす ………………………………………………………	20g
レモンの皮 …………………………………………………	適量

MEMO

キャベツの芯は甘みが凝縮されて
います。捨てずに細かく刻み、パ
スタと一緒にゆでましょう。

POINT

キャベツの葉はゆですぎないのが
ポイント。水を加えて沸いたら、
すぐに引き上げましょう。

作り方

1　にんにくチップを作る

フライパンににんにく、唐辛子、オリーブオイルを入れて中火で加熱す
る。にんにくがふつふつとしてきたら極弱火に落とし、薄く色付いたチ
ップ状になれば、バットなどに上げておく。

2　パスタをゆでる

キャベツの芯と葉を入れて、軽く炒めたら、全量の塩と水を加え沸かす。
沸いたらキャベツの葉は取り出して、バットなどに上げておく。パスタ
入れ、沈めてふたをし、中火で袋表記の時間、加熱する。

3　しらすを混ぜてトッピングをする

時間になったらふたを開けてキャベツを戻し、強火などで水分量を調整
する。しらすを加えて混ぜ合わせ、盛りつける。ちぎったアンチョビと
にんにくチップをのせ、レモンの皮をすりおろしたら、完成。

丸ごと玉ねぎパスタ

材料（1人分）

スパゲッティ（テフロン） ……………………… 80g
水 ………………… 370㎖（2人分は500㎖）
塩 ………………………………………………… 2g
オリーブオイル ………………………………… 30g
にんにく ……………………… 1かけ（つぶす）
唐辛子 …………………………………… 1本（砕く）
アンチョビ ……………………………………… 2枚
玉ねぎ ………… 150g（繊維に沿ってスライス）
白こしょう ……………………………………… 少々

作り方

1 玉ねぎを炒める

フライパンににんにくと唐辛子、オリーブオイル（仕上げ用に少量残す）を入れ中火で加熱し、にんにくがふつふつしてきたら玉ねぎと全量の塩、白こしょう、アンチョビを加え、玉ねぎが透き通るまで炒めて甘さを引き出す。

2 パスタをゆでる

水を加えて沸いたら、パスタを入れ、沈めてふたをし、中火で袋表記の時間、加熱する。

3 水分量を調節する

時間になったらふたを開け、好みの水分量まで調整する。このパスタは汁気少なめがおすすめ。盛りつけて、オリーブオイルを回しかける。

コーン缶ペペロンチーノ

材料（1人分）

スパゲッティ ……………………………… 80g
水 ………………………… 360mℓ（2人分は500mℓ）
塩 …………………………………………… 3g
オリーブオイル …………… 30g（2人分は55g）
にんにく ………………… 1かけ(粗みじん切り)
唐辛子 …………………………………… 1本(砕く)
白だし ……………………………………… 6g
コーン缶 ………………………………… ½缶
イタリアンパセリ ………………… 適量(刻む)

作り方

1 コーンを炒める

フライパンににんにく、唐辛子、オリーブオイルを入れ中火で加熱し、にんにくがふつふつとしてきたら極弱火にする。にんにくが薄く色付いてきたら、汁気をよく切ったコーン缶を加え、半量の塩をふって炒める。

2 パスタをゆでる

残りの塩、白だし、水を加え沸かす。沸いたらパスタを入れ、沈めてふたをし、中火で袋表記の時間、加熱する。

3 水分を調整する

時間になったらふたを開け、水分量を好みの量まで調整する。イタリアンパセリを加え、混ぜ合わせたら完成。

スーパーで手に入る、身近な食材を使った簡単・お手頃なパスタ料理。
もやしのシャキシャキ感とにんにくのパンチがクセになります。疲れた
時や食材が少ない時といった"絶望"を"希望"に変えてくれるパスタです。

ファビオの絶望パスタ

材料（1人分）

スパゲッティ ……………………………………………… 80g
水 ………………………………… 350㎖（2人分は500㎖）
塩 ………………………………………………………… 3g
オリーブオイル …………………… 30g（2人分は55g）
にんにく ……………………………… 1かけ(粗みじん切り)
唐辛子 ………………………………………… 1本(砕く)
ゆずこしょう ……………………………………………… 4g
もやし …………………………………………………… 120g
鶏ひき肉 ……………………………………………… 60g
黒こしょう ……………………………………………… 適量

POINT

もやしは強火で30秒ほどサッと炒めます。ここで半量のゆずこしょうにしたのはひき肉に味がつきすぎないようにするためです。

作り方

1 材料を炒める

フライパンににんにく、唐辛子、オリーブオイルを入れて加熱し、にんにくがふつふつとしてきたら極弱火にし、薄く色付いてきたら、鶏ひき肉を加え、少量の塩をふり焼き色がつくまで炒める。次に半量のゆずこしょう、もやしを加え、炒める。

2 パスタをゆでる

サッと炒めたもやしは引き上げておき、残りの塩、水、残りのゆずこしょうを加えて沸かす。沸いたらパスタを入れ、沈めてふたをし、中火で袋表記の時間、加熱する。

3 水分を調整して盛りつける

時間になったらふたを開け、好みの水分量になるまで調整し、もやしを加えて混ぜ合わせたら、火を止める。最後に黒こしょうをかけて完成。

南イタリア・シチリア島のトラーパニという町で愛される「トラパネーゼペースト」のパスタ料理です。爽やかなフレッシュバジルとアーモンドのコクが見事にマッチした、絶品のパスタです。

アーモンドとバジルのパスタ

材料（1人分）

スパゲッティ …………………………………………… 80g
水 ……………………………… 350㎖（2人分は500㎖）
塩 …………………………………………………………… 5g
オリーブオイル ……………………… 30g（2人分は55g）
にんにく …………………………………………… 1かけ
素焼きアーモンド …………………………………… 25g
ミニトマト ……………………………… 100g（¼に切る）
バジル …………………………… 12g（茎と葉に分ける）
粉チーズ …………………………………………………… 4g

POINT

アーモンドはかたいので、すり鉢
でつぶす前に、あらかじめ刻んで
おくのもよいでしょう。

作り方

1 パスタをゆでる

フライパンに少量のオリーブオイルとにんにくを入れ、中火で熱し、ふつふつしてきたらミニトマトを加え軽く炒める。バジルの茎、全量の塩、水を加えて沸かしたら、パスタを入れ、沈めてふたをし、中火で袋表記の時間、加熱する。

2 アーモンドペーストを作る

すり鉢でアーモンドをすりつぶしたら、粉チーズ、バジルの葉を加え、残りのオリーブオイルを少しずつ入れながら、粗めに混ぜ合わせていく。

3 パスタとペーストを混ぜ合わせる

時間になったらふたを開け、好みの水分量まで調整した後、**2**のペーストを加え混ぜ合わせる。バジルの葉を少し残しておきトッピングするのもおすすめ。

サケとほうれん草のパスタ

材料（1人分）

スパゲッティ ………………………………… 80g
水 ……………………… 360㎖（2人分500㎖）
塩 …………………………………………… 3g
オリーブオイル …………… 30g（2人分は55g）
にんにく ………………………… 1かけ（みじん切り）
唐辛子 ……………………………… お好み（砕く）
白だし ……………………………………… 6g
サケの切り身 ……………………………… 1切れ
ほうれん草 ………………………… 45g（ざく切り）
いくら ……………………………………… 15g
ゆずの皮 ………………………………… 少量

作り方

1 サケを焼く

サケの両面に塩をふり、10分ほどおいた後、出てきた水分をペーパーでふき取る。フライパンでにんにく、唐辛子、オリーブオイルを中火で熱し、ふつふつとしてきたら極弱火に落とす。にんにくが薄く色付き始めたら、中火にしてサケを入れ、両面の色が変わる程度に焼く。

2 パスタをゆでる

水と残りの塩、白だし、ほうれん草を入れて沸かす。沸いたらサケとほうれん草はバットなどに上げておく。パスタを沈めてふたをし、中火で袋表記の時間、加熱する。

3 具材を合わせる

時間になったらふたを開け、好みの水分量に調整する。サケとほうれん草を戻し、サケの身をくずしながら混ぜ合わせる。盛りつけて、いくらを散らし、ゆずの皮をすりおろして完成。

レモンと桜エビのペペロンチーノ

材料（1人分）

スパゲッティ	80g
水	350㎖（2人分は500㎖）
塩	3g
オリーブオイル	30g（2人分は55g）
にんにく	1かけ(みじん切り)
唐辛子	1本(砕く)
桜エビ	8g
レモン果汁	5g
レモンの皮	適量(炒める用は刻む、仕上げ用はすりおろす)
イタリアンパセリ	適量(刻む)

作り方

1 桜エビを炒める

フライパンににんにく、唐辛子、オリーブオイルを入れて中火で熱し、にんにくがふつふつとしてきたら極弱火にする。にんにくが薄く色付き始めたら、桜エビと刻んだレモンの皮を加えて炒める。

2 パスタをゆでる

桜エビの水分が抜けるまでしっかり炒めたら、取り出しておく。水と全量の塩、レモン果汁（最後にかける分を少量残す）を加え、沸いたらパスタを入れて沈める。ふたをして中火で袋表記の時間、加熱する。

3 桜エビをトッピングする

時間になったらふたを開け、好みの水分量に調節する。イタリアンパセリを入れて混ぜ合わせ、桜エビをふりかけ、レモンの皮をすりおろし、残りのレモン果汁をかけたら、完成。

アスパラガスのうま味を最大限引き出した、濃厚なラグー（煮込み）パスタです。アスパラガスは皮も軸も、全て無駄なく使うことがポイント。タリアテッレやショートパスタとの相性もとても良いソースです。

アスパラガスのラグーパスタ

材料（1人分）

スパゲッティ ……………………………………………… 80g
水 ……………………………………… 370mℓ（2人分は500mℓ）
塩 ……………………………………………………… 3.5g
オリーブオイル ………………………… 30g（2人分は55g）
アスパラガス ……………………………………………… 90g
黒こしょう ………………………………………………… 適量
粉チーズ（あればグラナパダーノチーズ） ……………… 12g

POINT

アスパラガスはガクを取り、全体
の真ん中あたりから下に向けてピー
ラーで皮をむくと、同じ位置で
止まるので、下を切り落とします。

作り方

1 アスパラガスの下処理をする

アスパラガスの皮をむいて軸の部分を落とし、茎は小口切りにしておく。
フライパンにオリーブオイルを入れて中火で加熱し、アスパラガスの茎
と少量の塩を加えて香りが出るまで炒め、バットなどに引き上げておく。

2 パスタをゆでる

水と残りの塩、アスパラガスの皮と軸を加え沸かす。沸いたらパスタを
沈め、ふたをして中火で袋表記の時間、加熱する。

3 アスパラガスを戻し、チーズとこしょうをかける

時間になったらふたを開け、皮と軸を取り出す。アスパラガスの茎を戻
し、混ぜ合わせながら水分量を調節する。火を切ってチーズを加え、仕
上げに黒こしょうをかける。

相性の良い、カリフラワーとイカを使ったペペロンチーノです。アンチョビやレモンの皮をアクセントとして加え、優しい味になりすぎないように仕上げていきます。

カリフラワーとイカの
ペペロンチーノ

材料（1人分）

スパゲッティ	80g
水	350㎖（2人分は500㎖）
塩	3g
オリーブオイル	30g（2人分は55g）
にんにく	1かけ(みじん切り)
唐辛子	1本(細かく砕く)
アンチョビ	1本
カリフラワー	80g（1口大に切る）
イカ	50g(食べやすく切る)
イタリアンパセリ	適量(刻む)
レモンの皮	適量

MEMO

カリフラワーとイカのやさしい味に、アクセントとパンチを加えるため、細かく砕いた唐辛子とレモンを加えます。

POINT

カリフラワーはパスタをゆでている時につぶしておくと、甘味が出てきます。つぶし加減はお好みで。

作り方

1 具材を炒める

フライパンににんにくと唐辛子、オリーブオイルを中火で熱し、にんにくがふつふつとしてきたら極弱火に落とす。にんにくが薄く色付いたら、カリフラワー、少量の塩、アンチョビ、イカを加えて炒める。

2 パスタをゆでる

残りの塩と水を入れ沸かす。沸いたらイカは取り出してバットなどに上げておく。パスタを入れ、沈めてふたをし、中火で袋表記の時間、加熱する。表記時間の半分のところでカリフラワーはつぶしておく。

3 イカを戻して仕上げる

時間になったらふたを開け、イカを戻して好みの状態まで水分量を調整する。盛りつけて、イタリアンパセリ、すりおろしたレモンの皮をかけて完成。

スープペペロンチーノ

材料（1人分）

スパゲッティーニ（細めのパスタ）	80g
水	450㎖
塩	3g
オリーブオイル	30g（2人分は55g）
にんにく	1かけ（スライス）
唐辛子	1本（砕く）
トマトピュレ	15g
フュメ・ド・ポワソン顆粒（コンソメも可）	6g
イタリアンパセリ	適量（刻む）

作り方

1 にんにくチップを作る

フライパンにオリーブオイル、にんにく、唐辛子を入れ、にんにくがこんがりと色付くまで中火で加熱する。にんにくがチップ状になったらバットなどに取り出しておく。

2 パスタをスープの中でゆでる

水、全量の塩、フュメ・ド・ポワソンを加え沸かす。沸いたらパスタを入れて、沈めてふたをし、袋表記の時間分加熱する。

3 色鮮やかなトッピングをする

時間になったらふたを外し、強火でパスタが好みのかたさになるまで調整する。お皿にうつし、トマトピュレ、にんにくチップ、イタリアンパセリをトッピングする。

(PART 3)

トマト系のパスタ

ちょっとしたコツで、
いろいろな美味しさを楽しむことができる
トマトのパスタ料理。
トマトの使い分け（P9参考）も
大きなポイントです。

カルボナーラ、カッチョエペペと並び「ローマ三大パスタ」と呼ばれる、
大人気のトマトパスタ。本場ではグアンチャーレを使いますが、このレ
シピでは豚バラ肉を使い、手軽に本場の美味しさを再現します。

アマトリチャーナ風パスタ

材料（1人分）

スパゲッティ …………………………………………………… 80g
水 ………………………………………… 350mℓ(2 人分は500mℓ)
塩 ………………………………………………………………… 4 g
トマトピュレ ………………………………………………… 130g
豚バラ肉（厚切り）…………………………………………… 40g
黒こしょう ……………………………………………………… 適量
粉チーズ(あればペコリーノロマーノチーズ) ……………… 6 g
オリーブオイル ………………………… ※脂の少ない肉を使う場合は少々

POINT

豚バラ肉から出るオイルが味の決
め手になるので、弱火でじっくり
と加熱して脂分を出します。この
「がまんの仕事」が大切です。

作り方

1 塩漬け肉を作る

バットなどに豚バラ肉を並べ、両面にまんべんなく塩とよく挽いた黒こ
しょうをふる。10〜15分おいて出てきた水分をペーパーでよくふき取り、
大きめにカットしておく。

2 うま味の中でパスタをゆでる

フライパンに豚肉を並べ、弱火からじっくりと炒める。カリカリになっ
たらトマトピュレ、残りの塩、水を入れて沸かす。沸いたらパスタを入
れ、沈めてふたをし、中火で袋表記の時間、加熱する。

3 チーズを加える

時間になったらふたを開ける。水分量を確認し、必要に応じて強火で水
分をとばしながらソースを絡める。火を止めてチーズを加え、混ぜ合わ
せて完成。

南イタリアをイメージしたパスタ料理。トマトパスタの中でも特に人気
があり、定番とも言える一皿です。少し多めのオイルで、大き目に切っ
たナスを揚げ焼きにしていきます。ナスを焼く時は皮面から。

揚げナスとトマトのパスタ

材料（1人分）

スパゲッティ	80g
水	350㎖（2人分は500㎖）
塩	3g
オリーブオイル	30g（2人分は55g）
にんにく	1かけ(大きめに切る)
トマトピュレ	100g
砂糖(あればきび砂糖)	3g
ナス	1本(乱切り)
バジル	1房(茎と葉に分ける)
粉チーズ	適量

MEMO

トマトのパスタを作る時は、トマトを入れるタイミングで一緒に砂糖も入れることで、酸味が抑えられ、味のバランスが整います。

作り方

1 ナスを焼く

フライパンににんにく、バジルの茎、オリーブオイルを入れて、弱火で加熱し、にんにくが薄く色付いたら、茎と一緒に取り出す。ナスの皮面を下にし、塩をふって焼いていき、やわらかくなったらバットに引き上げる。

2 パスタをゆでる

にんにくをフライパンに戻してトマトピュレ、残りの塩、砂糖、水を加え沸かす。沸いたらパスタを入れ、沈めてふたをし、中火で袋表記の時間、加熱する。

3 バジルとチーズを加える

時間になったらふたを開け、ナスを戻す。水分量を調整して火を止め、ちぎったバジルの葉と粉チーズを加えて混ぜ合わせる。盛りつけた後、粉チーズを仕上げにもうひとふりする。

ボンゴレ・ロッソ

材料（1人分）

スパゲッティ ……………………………… 80g
水 ……………………… 360㎖（2人分は500㎖）
塩 …………………………………………… 3g
オリーブオイル …………………………… 25g
にんにく ………………………… 1かけ（つぶす）
唐辛子 ……………………………… 1本（砕く）
ホールトマト ……………………………… 120g
アサリ ……………………… 140g（砂抜きする）
イタリアンパセリ ………………………… 適量（刻む）

作り方

1 アサリとトマトのベースを作る

フライパンににんにくと唐辛子、オリーブオイルを中火で熱
し、にんにくがふつふつとしてきたら極弱火に落とす。にん
にくが薄く色付きはじめたら、アサリを加え軽く炒め、ホー
ルトマトと全量の塩、水を加え沸かす。

2 パスタをゆで、アサリを取り出す

沸いたらパスタを入れて沈める。アサリは口が開いたらバッ
トなどに引き上げておく。ふたをして中火で袋表記の時間、
加熱する。ゆでている間にアサリの殻を外しておく（トッピ
ング用に殻つきアサリも少し残す）。

3 水分量を調節してアサリを戻す

時間になったらふたを開け、強火にするなどして水分量を調
整する。殻を外したアサリを汁ごと戻し、盛りつける。殻つ
きアサリをトッピングし、イタリアンパセリをかける。

ガーリックトマトパスタ

材料（1人分）

スパゲッティ ……………………………… 80g
水 …………………… 350㎖（2人分は500㎖）
塩 …………………………………………… 3g
オリーブオイル ……………………………… 25g
にんにく ……………… 2かけ（大きめに切る）
唐辛子 …………………… 1本（大きめに砕く）
トマトピュレ ……………………………… 120g
イタリアンパセリ ………………… 少量（刻む）

作り方

1 にんにくにじっくり火を通す

フライパンににんにく、唐辛子、オリーブオイルを中火で熱し、にんにくがふつふつとしてきたら極弱火にする。にんにくが全体的に薄く色付いたら、トマトピュレ、全量の塩、水を加えて沸かす。

2 パスタをゆでる

沸いたらパスタを入れ、沈めてふたをし、中火で袋表記の時間、加熱する。

3 水分量を調整する

時間になったらふたを開け、水分量を確認する。強火にするなどして、好みの水分量になるまで調整したら、盛りつけてイタリアンパセリをトッピングする。

エビのうま味がたっぷり詰まった、濃厚なアラビアータ。同じアラビアータベースでも、使う食材はもちろん、味や香りの引き出し方によってまた違った表情になり、さまざまな美味しさを楽しむことができます。

有頭エビのアラビアータ

材料（1人分）

スパゲッティ ……………………………………………… 80g
水 …………………………………… 300㎖（2人分は450㎖）
塩 ……………………………………………………………… 3g
オリーブオイル ……………………………………………… 25g
にんにく ……………………………………… 1かけ(つぶす)
唐辛子 …………………………………………… 1本(砕く)
トマトピュレ ……………………………………………… 100g
赤エビ …… 4尾(頭を取り、殻をむく。身は背ワタを取って塩をふっておく)
イタリアンパセリ(またはパセリ) ……………………… 適量(刻む)

MEMO
───────────
このレシピでは、エビの頭も殻も
すべて使い、エビのうま味を余す
ことなく使い切ります。

作り方

1 エビの頭と殻からうま味を出す

フライパンににんにく、唐辛子、オリーブオイルを入れて中火で加熱する。にんにくがふつふつとしてきたら弱火に落とし、赤エビの頭と殻を加え、じっくりと加熱しながら香りを引き出していく。

2 エビに熱を通し、パスタをゆでる

香りが立ったら、全量の塩と水、トマトピュレを加えて沸かし、エビの身を湯にくぐらせて、色が変わったらエビの殻とともにバットなどに引き上げておく。パスタを入れてふたをし、中火で袋表記の時間、加熱する。

3 水分量を調節する

時間になったらふたを開け、エビの頭を取り除き、エビの身を戻す。水分量を確認し、水分の量が多い場合は強火で水分をとばして調整する。盛りつけてイタリアンパセリをふりかける。

ナポリのトマトパスタ

材料（1人分）

スパゲッティ（おすすめはブロンズ）········· 80g
水 ····················· 350mℓ（2人分は500mℓ）
塩 ·· 2g
オリーブオイル ································· 25g
にんにく ························· 1かけ（つぶす）
唐辛子 ···························· 2本（砕く）
トマトピュレ ································· 120g
オリーブの実 ········· 30g（種を取ってつぶす）
ケッパー酢漬け ····························· 6粒
アンチョビ ································· 1本
オレガノ ····························· 1つまみ
粉チーズ（あればパルミジャーノレッジャーノ）
··· 適量
イタリアンパセリ（パセリでも可）··· 適量（刻む）

作り方

1 トマトのベースを作る

フライパンににんにく、オリーブオイル、唐辛子を加えて中火で加熱する。にんにくがふつふつとしてきたら極弱火に落とし、薄く色付きはじめたら、オリーブの実とケッパー、アンチョビを入れ、香りが出るまで炒める。

2 パスタをゆでる

トマトピュレ、オレガノ、全量の塩と水を加えて沸かす。沸いたらパスタを入れ、沈めてふたをし、中火で袋表記の時間、加熱する。

3 仕上げる

時間になったらふたを外し、全体を混ぜ合わせながら好みの水分量になるまで調整する。イタリアンパセリを加えて混ぜ合わせ、盛りつけた後、チーズをかける。

キムロンチーノ（キムチのアラビアータ）

材料（1人分）

スパゲッティ ……………………………… 80g
水 ……………………… 370ml（2人分は500ml）
塩 …………………………………………… 2g
オリーブオイル ………………………… 25g
にんにく ……… 1かけ（つぶして大きめに切る）
唐辛子 ……………………… 1本（大きめに切る）
ホールトマト ……………………………… 120g
魚醤（ナンプラーでも可） ………………… 4g
キムチ ……………………… 35g（みじん切り）
エゴマ（パセリでも可） ……………… 3枚（刻む）

作り方

1 韓国料理の風味をまとったベースを作る

フライパンににんにく、唐辛子、オリーブオイルを入れ中火で加熱する。にんにくがふつふつとしてきたら極弱火にし、薄く色付きはじめたら、キムチを加え軽く炒め、魚醤、ホールトマト、全量の塩、水を加え沸かす。

2 パスタをゆでる

沸いたらパスタを入れ、沈めてふたをする。中火にして袋表記の時間、加熱する。時間になったらふたを外して、水分量を確認する。

3 水分量を調節してエゴマを加える

水分がまだ多い時は、強火にして水分をとばしながらパスタにソースを絡めていく。最後にエゴマを加えて混ぜ合わせたら、完成。

ミニトマトはものによって酸味が強いものもありますが、MEMOの調理をすることでミニトマトのもつうま味のポテンシャルを引き出すことができ、たったこれだけで最高の一皿になります。

ミニトマトのペペロンチーノ

材料（1人分）

スパゲッティ ……………………………………………… 80g
水 ……………………………………… 350mℓ(2人分は500mℓ)
塩 ………………………………………………………… 3g
オリーブオイル ……………………………… 30g（2人分は55g）
にんにく ………………………………………… 1かけ(つぶす)
唐辛子 ………………………………………………… 1本(砕く)
ミニトマト ……………………………………………… 6個
イタリアンパセリ(パセリでも可) ………………………… 適量(刻む)

MEMO

ミニトマトはうま味を引き出すため、断面にまんべんなく塩をふって5分おき、出た水分をペーパーでふき取っておきます。

POINT

ミニトマトは断面を下にして焼き、うま味を中に閉じ込めるように加熱していきます。

作り方

1 ベースを作り、トマトに焼き目をつける

フライパンににんにく、唐辛子、オリーブオイルを入れて中火にかけ、にんにくがふつふつとしてきたら極弱火し、薄く色付いたら、MEMOの調理をしたミニトマトを入れ、焼き目がついたら引き上げておく。

2 パスタをゆでる

水と残りの塩を加えて沸かし、パスタを入れて沈める。ふたをして、中火で袋表記の時間、加熱する。

3 水分をとばしてトマトを戻す

時間になったらふたを開け、残りの水分量を確認し、好みの量まで調整する。イタリアンパセリを加え、ミニトマトを戻し、混ぜ合わせたら完成。

豚もつを使ったアラビアータです。もつの臭みをにんにくを細かく刻んだパンチのあるオイルで消して、下味をつけていきます。イタリアにはもつのように、内臓を使った煮込み料理がたくさんあります。

もつとゴボウのアラビアータ

材料（1人分）

スパゲッティ ……………………………………………	80g
水 ………………………………………… 320㎖(2 人分は500㎖)	
塩 …………………………………………………………	4 g
オリーブオイル …………………………………………	30g
にんにく ………………………………… 1 かけ(細かいみじん切り)	
唐辛子 ………………………… 2 本(砕く,2人分は 3 本)	
トマトピュレ ……………………………………………	100g
豚もつ(ボイルしたもの) ………………………………	80g
ゴボウ ……………………………………… 25 g (千切り)	
イタリアンパセリ ……………………………………… 適量(刻む)	
黒こしょう ………………………………………………	適量

MEMO

もつの臭みは、パンチのあるにんにくの香りで消します。細かくみじん切りにし、よく炒めましょう。

作り方

1 力強いにんにくオイルを作る

フライパンにオリーブオイル、にんにく、唐辛子を入れ中火で加熱し、にんにくがふつふつとしてきたら極弱火にして、こんがりと色付いてきたら、もつを加えてまんべんなく塩をふり、弱火でよく炒める。

2 具材を炒めて、パスタを入れる

次にゴボウを加え、黒こしょうをふって炒める。香りが出てきたらトマトピュレ、残りの塩と水を加えて沸かし、パスタを入れて沈める。

3 ゆで上がったら水分をとばす

中火にし、ふたをして袋表記の時間だけ加熱する。時間になったらふたを外し、水分量を確認して好みの量になるまで調整する。イタリアンパセリを加えて混ぜ合わせ、皿に盛る。

タコのプッタネスカ

材料（1人分）

スパゲッティーニ（細めのパスタ）…………	80g
水 ………………… 360mℓ（2人分は500mℓ）	
塩 …………………………………………	3g
オリーブオイル ………… 30g（2人分は55g）	
にんにく ………………… 1かけ（みじん切り）	
唐辛子 ……………………………… 2本（砕く）	
ホールトマト ………………………………	120g
ケッパー ……………………………………	6粒
オリーブの実 …………………… 30g（軽くつぶす）	
アンチョビ …………………………………	1枚
ボイルタコ ……………… 80g（食べやすく切る）	
ししとう ……………………… 25g（乱切り）	
イタリアンパセリ ………………… 適量（刻む）	

作り方

1 パンチのあるベースを作る

フライパンにオリーブオイル（仕上げ用に少量残す）、にんにく、唐辛子を入れ、中火で加熱する。にんにくがふつふつとしたら極弱火に落とし、薄く色付いたらオリーブの実とケッパーを加えて弱火で炒める。次にアンチョビを入れ、溶けたらタコとししとうを加え、軽く炒めてバットに引き上げる。

2 パスタをゆでる

ホールトマト、全量の塩、水を加え沸かす。この時、ホールトマトは粗くつぶす。沸いたらパスタを入れ、沈めてふたをし、中火で袋表記の時間、加熱する。

3 具材を戻す

時間になったらふたを開け、タコとししとう、イタリアンパセリを加え混ぜ合わせながら、好みの水分量まで調整する。仕上げにオリーブオイルを回しかけ完成。

(PART 4)

クリーム系のパスタ

濃厚でコク深いクリーム系のパスタ料理です。
ソースが重たくなりすぎないように、
とっておきのひと手間を解説します。

だしのうま味を効かせた、ファビオの十八番パスタ料理。チーズは入れ
ず、白だしと卵でトロトロの濃厚ソースに仕立てます。思わず食べ進め
る手が止まらなくなり、何度も作りたくなるパスタです。

だしボナーラ

材料（1人分）

スパゲッティ ……………………………………………… 80g
水 …………………………………………………………… 350㎖
塩 ……………………………………………………………… 3g
オリーブオイル …………………………………………… 25g
白だし ……………………………………………………… 12g
ベーコン ……………………………………… 40g（短冊切り）
卵 …………………………………………………… 1個（溶く）
黒こしょう …………………………………………… たっぷり

MEMO

チーズが入らないカルボナーラ。
軽いのに濃厚な味わいになるのは、
白だしが入っているからです。

POINT

卵を入れるタイミングがポイント
です。熱すぎるとダマになってし
まうので、湯気が落ち着いてきた
ら卵を入れ、混ぜ合わせます。

作り方

1 ベーコンを炒める

フライパンにベーコンとオリーブオイルを入れ中火にし、ある程度炒め
たら極弱火にし、じっくり焼き色をつけていく。炒めながら黒こしょう
をふりかけ、香りを出していく。

2 パスタをゆでる

全量の塩、水、白だしを加えて沸かし、パスタを入れて沈め、ふたをし
て中火で袋表記の時間、加熱する。

3 卵を混ぜ合わせる

時間になったらふたを開けて水分量を確認し、1分間ほど強火で水分を
とばし火を止める。湯気が落ちついたら、溶き卵を加えて一気に混ぜ合
わせる。皿に盛りつけ、黒こしょうをたっぷりとかける。

カニ缶をまるごと1缶使ったトマトクリームパスタ。長ねぎとカニの相性は抜群です。味噌を加えることで甘みとコクが加わり、新鮮なカニを使ったパスタにも引けを取らない美味しさに仕上がります。

カニ缶トマトクリーム

材料（1人分）

リングイーネ	80g
水	360㎖（2人分は500㎖）
塩	4g
オリーブオイル	25g
にんにく	1かけ（つぶす）
トマトピュレ	120g
味噌	5g
生クリーム（またはマスカルポーネチーズ）	20g
カニ缶	缶1個
長ねぎ	30g（千切り）
白こしょう	適量
イタリアンパセリ	適量

MEMO

生クリームかマスカルポーネチーズかはお好みで。マスカルポーネを使うと濃厚ながら、軽やかな仕上がりに。

POINT

長ねぎは色がつかないように極弱火で炒めます。オイルに長ねぎから出た香りと甘味がうつり、最高の調味料になります。

作り方

1 長ねぎをじっくり炒める

フライパンににんにくとオリーブオイルを入れ、中火にし、ふつふつとしてきたら極弱火に落とす。にんにくの香りが立ってやわらかくなったらフォークで潰し、長ねぎを加え、少量の塩をふってしんなりするまで炒める。

2 パスタをゆでる

カニ缶を汁ごと加えて軽く炒め合わせ、味噌、トマトピュレ、白こしょう、残りの塩、水を加えて沸かす。沸いたらパスタを入れ、沈めてふたをし、中火で袋表記の時間、加熱する。

3 生クリームを加えて仕上げる

時間になったらふたを開け、生クリーム、イタリアンパセリを加えて混ぜ合わせる。ここで水分量が多ければ、強火にして軽く混ぜながら水気をとばし、調整する。

たらことタラのクリームパスタ

材料（1人分）

スパゲッティ	80g
水	300ml（2人分は380ml）
塩	2.5g
オリーブオイル	15g（2人分は25g）
にんにく	½かけ（つぶす）
白だし	4g
生クリーム	60g
タラの切り身	1切れ（皮は取り除く）
たらこ	25g（皮は取り除く）
白こしょう	適量
ディル（レモンの皮でも可）	適量

作り方

1 タラを焼く

タラに少量の塩をふり、約10分おいた後、表面から出てきた水分をペーパーでふき取る。フライパンにオリーブオイルとにんにくを入れ中火で加熱し、ふつふつとしたらタラを加えて白こしょうをふり、軽く焼きつける。

2 パスタをゆでる、

水、残りの塩、白だしを加え、タラの身を食べやすい大きさにくずしながら加熱する。沸いたらタラをバットなどに引き上げ、パスタを入れ、沈めてふたをし、中火で袋表記の時間、加熱する。

3 生クリーム、タラを入れる

時間になったらふたを開け、生クリームを加える。タラを戻し、混ぜ合わせながら水分量を調節する。最後にディルを加えて軽く混ぜて盛りつけ、たらこをトッピングする。

ペンネゴルゴンゾーラ

材料（1人分）

ペンネ ························· 80g
水 ························· 220mℓ
塩 ························· 2g
白ワイン（日本酒もおすすめ）············· 90mℓ
生クリーム ··················· 60g
ゴルゴンゾーラ（ドルチェ）··············· 35g
黒こしょう（日本酒だと山椒でも）········ 適量

作り方

1 ワインを煮詰める

フライパンに白ワインを入れて、半量ほどになるまで煮詰める。重たいソースになるので、ここでお酒の酸味をしっかりと効かせ、最後まで飽きずに食べられるソースの下地を作る。

2 パスタをゆでる

全量の塩と水を加えて沸かす。沸いたらパスタを入れ、沈めてふたをし、中火にする。袋表記の時間＋2分で煮込む。

3 生クリームとゴルゴンゾーラを入れる

時間になったらふたを開け、生クリームとゴルゴンゾーラを加えて混ぜ合わせる。ゴルゴンゾーラを溶かすようなイメージで、全体的にとろみがついてきたら火を止める。盛りつけて黒こしょうをふりかける。

サーモンのような脂の多い魚は、最初に多めの塩をふっておくことがポイント。サーモンのうま味がつまったクリームソースには、アクセントとして酢漬けのケッパーとレモン汁を効かせます。

サーモンと
青のりクリームパスタ

材料（1人分）

リングイーネ	80g
水	340㎖（2人分は490㎖）
塩	3g
オリーブオイル	15g（2人分は25g）
白だし	10g
ケッパー酢漬け	6粒
生クリーム	50g
サケの切り身	1切れ（皮を取り除く）
青のり	適量
レモン汁	5㎖
白こしょう	適量

MEMO

重くなりがちなクリーム系パスタ
は、酸味が入ることで軽やかな味
わいに。ここではレモン汁やケッ
パーがその役目を担います。

POINT

サケは加熱しすぎるとパサパサに
なってしまうので、軽く焼いた後
は余熱で火を通すようにします。

作り方

1 サケを焼く

サケの切り身にまんべんなく塩をふり、10分おいて余分な水分をペー
パーでふき取って白こしょうをふる。フライパンにオリーブオイルを入
れてサケを軽く焼き、バットに引き上げておく。

2 パスタをゆでる

残りの塩と水、ケッパー、白だしを加えて沸かす。沸いたらパスタを入
れて沈めてふたをし、中火で袋表記の時間、加熱する。

3 生クリーム、青のりを加える

時間になったらふたを開け、生クリームを加えて混ぜ合わせながら好み
の水分量まで調節する。青のり、レモン汁を加えて味のバランスを整え
る。サケを戻しくずしておくか、食べながらくずすかは、お好みで。

ハムのトマトクリームパスタ

材料（1人分）

ペンネ	80g
水	300㎖（2人分は450㎖）
塩	2g
オリーブオイル	15g
トマトペースト	20g
生クリーム	60g
ロースハム	45g（千切り）
パセリ	適量
黒こしょう	適量

作り方

1 ハムを炒める

フライパンにハムとオリーブオイルを入れて中火で加熱する。ある程度炒めたら黒こしょうをふり、極弱火に落とし、水分が抜けてシャカシャカと音がするようになるまで炒める。

2 パスタをゆでる

全量の塩と水、トマトペーストを加えて強火で沸かす。沸いたらパスタを沈めてふたをし、中火で袋表記＋2分で加熱する。

3 生クリームを入れて仕上げる

時間になったらふたを開け、生クリームと刻んだパセリを加える。強火にして、1〜2分間ほど水分をとばしながらやさしく混ぜ合わせる。とろみがついたら完成。

PART 5

和風のパスタ

日本人が大好きな味の数々から
インスピレーションを受けて生まれた、
とっておきのパスタ料理を解説します。
思わず驚くようなパスタも。

ペペロンチーノに明太子を合わせた、シンプルで絶品の和風パスタ。親しみやすいジャンクな味に仕立てるため、オリーブオイルではなくバターにし、にんにくもカリカリになるまで加熱します。

和風ガリバタ明太子パスタ

材料（1人分）

スパゲッティ ………………………………………………… 80g
水 ……………………………………… 360㎖（2人分は500㎖）
塩 …………………………………………………………………… 2g
オリーブオイル …………………………………………………… 20g
にんにく ……………………………………… 1かけ(粗みじん切り)
唐辛子 ………………………………………………… 1本(砕く)
白だし ……………………………………………………………… 16g
無塩バター ………………………………………………………… 8g
明太子 …………………………………… 20〜25g(皮は取り除く)
三つ葉 ………………………………………………… 15g(刻む)

MEMO

明太子の皮はくさみの原因になるので、あらかじめ取り除いておきます。

作り方

1　カリカリにんにくを作る

フライパンでにんにく、唐辛子、オリーブオイル、バターを中火で加熱し、にんにくがふつふつとしたら極弱火にする。バターが焦げないように注意しながら加熱し、にんにくがきつね色に色付いたらペーパーに上げておく。

2　パスタをゆでる

水、全量の塩、白だしを加えて沸かす。沸いたらパスタを入れ、沈めてふたをし、中火で袋表記の時間、加熱する。

3　盛りつけて明太子をのせる

時間になったらふたを開け、残りの水分量を確認し、好みの水分量になるまで強火で調整する。盛りつけて明太子をのせ、三つ葉とペーパーに上げておいたカリカリにんにくを散らして、完成。

白いナポリタン

材料（1人分）

スパゲッティ	80g
水	350mℓ（2人分は500mℓ）
塩	3g
オリーブオイル	25g
にんにく	1かけ（粗みじん切り）
コンソメ顆粒	4g
マヨネーズ	5g
無塩バター	5g
ウインナー	40g（斜め切り）
玉ねぎ	25g（くし切り）
マッシュルーム	2個（スライス）
ピーマン	1個（千切り）
こしょう（白こしょうがおすすめ）	適量
パセリ	適量
粉チーズ	お好み
ペッパーソース	お好み

作り方

1 具材を炒める

フライパンににんにくとオリーブオイルを入れ弱火〜中火で加熱し、薄く色付いたら、ウインナー、マッシュルーム、玉ねぎ、ピーマンの順に加え、少量の塩とこしょうをふって炒めたら、バットなどに引き上げる。

2 パスタをゆでる

水、残りの塩、コンソメ、バターを加えて沸かす。沸いたらパスタを入れ、沈めてふたをし、中火で袋表記の時間、加熱する。

3 マヨネーズを絡める

時間になったらふたを開けて水分量を確認し、強火で水分がなくなるまで煮詰めながらパスタを焼き炒める。具材を戻してさらに炒め合わせ、マヨネーズを絡めてパセリをふりかける。お好みで粉チーズとペッパーソースをふりかける。

わが家の納豆ミート

材料（1人分）

スパゲッティ	80g
水	350mℓ（2人分は500mℓ）
塩	3g
オリーブオイル	20g
にんにく	1かけ（みじん切り）
トマトピュレ	130g
味噌	5g
バルサミコ酢	8g
牛豚合いびき肉	100g
納豆	1パック
黒こしょう	適量
イタリアンパセリ（パセリでも可）	適量

作り方

1 ミートソースのベースを作る

フライパンににんにくとオリーブオイル（仕上げ用に少量残す）を入れ中火で熱し、ふつふつとしてきたらひき肉を加えて全量の塩と黒こしょうふり、弱火にしてじっくり炒める。

2 パスタをゆでる

肉に焼き目が付いたら、中火にしてトマトピュレ、バルサミコ酢、味噌を加えてよく混ぜ合わせる。そこに水を加えて沸かし、パスタを入れて沈め、中火で袋表記の時間、加熱する。

3 パスタに水分を吸わせる

時間になったらふたを開け、強火にするなどし、水分量を調整する。先にパスタを盛りつけ、ソースをかける。その上に納豆を乗せ、イタリアンパセリを散らしたら、最後にオリーブオイルを回しかける。

日本の朝ごはんの定番「卵かけご飯」からインスピレーションを受け、
考案したパスタです。卵と一緒に、しらすと大葉を混ぜ合わせながら食
べてください。簡単で、何度もおかわりをしたくなるパスタです。

ふんわり卵かけパスタ

材料（1人分）

スパゲッティ	80g
水	310㎖（2人分は460㎖）
塩	2g
オリーブオイル	15g
白だし	25g
卵(MEMO参照)	1個
しらす	1つかみ
大葉	3枚(刻む)
山椒	適量

MEMO

卵は卵黄と卵白に分けておき、卵白は溶きほぐして山椒を加えます。卵黄は仕上げ用に残しておきます。

POINT

卵白は湯気が落ち着いたら入れ、混ぜ合わせます。素早く混ぜ合わせ、モッタリとした仕上がりを目指します。

作り方

1 白だしを加えた水でゆでる

フライパンに水、全量の塩と白だしを入れて沸かし、パスタを入れ、沈めてふたをし、中火にしたら袋表記の時間、加熱する。

2 大葉を加えて水分を調節する

時間になったらふたを開け、大葉を加える。水分量を確認し、必要に応じて強火で水分をとばしながら混ぜ合わせる。ソースとよく絡まったら、火を切る。

3 湯気が落ち着いたら卵白を加える

湯気が落ち着いたのを確認してからMEMOの調理をした卵白を加え、素早くかき混ぜてパスタと絡める。しらす、卵黄を乗せ、最後にオリーブオイルを回しかけて完成。

ホタテと白菜のクリームスープパスタ

材料（1人分）

リングイーネ ……………………………… 80g
水 ……………………… 300mℓ（2人分は500mℓ）
塩 …………………………………………… 3g
オリーブオイル ………………………………10g
にんにく ………………………… ½かけ（つぶす）
バター …………………………………………10g
白だし …………………………………………4g
生クリーム ……………………………………60g
ホタテ貝柱 ………………… 60g（半分にスライス）
白菜 ……… 110g（芯は細かく、葉はざく切り）
白こしょう …………………………………… 適量
ゆずの皮 ……………………………………… 適量

作り方

1 ホタテを焼く

フライパンにオリーブオイルとにんにくを入れて中火で加熱し、香りが立ったらバターとホタテを加える。少量の塩と白こしょうをふり、ホタテを半生の状態まで焼いたら、バットなどに引き上げる。

2 白菜を入れてパスタをゆでる

白菜の芯を入れ、やや多めに塩をふって弱火で炒める。透き通ってきたら水、残りの塩、白だし、白菜の葉を加えて沸かす。沸いたらパスタを入れ、沈めてふたをし、中火で袋表記の時間、加熱する。

3 生クリームを加える

時間になったらふたを開け、生クリームを加える。ホタテを戻して混ぜ合わせ、ゆずの皮をふりかけて完成。

和風スープボンゴレ

材料（1人分）

スパゲッティ ……………………………… 80g
水 …………………… 450mℓ（2人分は850mℓ）
塩 ……………………………………… 2g
オリーブオイル …………… 30g（2人分は55g）
にんにく ………………………… 1かけ（つぶす）
唐辛子 ………………………………… 1本
アサリ ………………………… 200g（砂抜きする）
塩昆布 ………………………………… 8g
かつお節 ……………………………… 2g
菜の花 ………… 35g（食べやすい大きさに切る）
三つ葉 ………………………………… 8g
ゆずの皮 …………………………………… 適量

作り方

1 アサリを炒める

フライパンににんにく、唐辛子、オリーブオイルを熱し、に
んにくがふつふつとしてきたら極弱火に落とす。にんにくが
薄く色付いたら、アサリを加え、炒め合わせる。

2 パスタをゆでる

全量の塩、塩昆布、水、菜の花を加えて沸かす。沸いたら菜
の花はバットなどに引き上げておく。パスタを入れ、沈めて
ふたをし、中火で袋表記の時間、加熱する。アサリも口が開
いたら引き上げておく。

3 盛りつけてトッピングをする

時間になったらふたを開け、菜の花とアサリを戻して軽く混
ぜ合わせる。三つ葉とかつお節を乗せ、仕上げにゆずの皮を
ふりかけて完成。

和のイメージが強い、なめたけと大根おろしのパスタ料理です。エノキ
ダケをじっくり加熱し、美味しいなめたけを作っていきます。なめたけ
の独特な風味ととろみはパスタとの相性も抜群。

なめたけおろしパスタ

材料（1人分）

スパゲッティ	80g
水	300㎖（2人分は450㎖）
塩	2g
酒	22㎖
醤油	大さじ1
みりん	大さじ1
お酢(おすすめは米酢)	5g
砂糖	5g
エノキダケ	80g(食べやすい大きさに切る)
ツナ缶	½缶(目安35g)
無塩バター	10g
大葉	2枚(刻む)
大根おろし	25g
刻みのり	適量
七味唐辛子	お好み

POINT

エノキダケを入れた時に全量の塩を入れることで、エノキダケに含まれる余分な水分をここでしっかりとばすことができます。

作り方

1 「なめたけ」を作る

フライパンに酒、みりんを入れ中火〜強火でアルコールを飛ばしたら、砂糖、お酢、醤油を加え軽くなじませる。そこにエノキダケを加え、全量の塩をふる。

2 パスタをゆでる

ツナ缶と水、お好みで七味唐辛子を加えて沸かす。沸いたらバターとパスタを入れ、沈めたらふたをして中火で袋表記の時間、加熱する。

3 大葉を入れる

時間になったらふたを開け、好みの水分量まで調整する。仕上げに大葉を加え混ぜ合わせ、盛りつける。大根おろしと刻みのりを乗せて完成。

二日酔いパスタ

材料（1人分）

スパゲッティ（テフロン） ························ 80g
水 ·· 450mℓ
塩 ··· 3g
オリーブオイル ············· 30g（2人分は55g）
にんにく ··························· 1かけ（つぶす）
フュメ・ド・ポワソン（顆粒） ··················· 6g
しじみ ···················· 230g（砂抜きする）
塩昆布 ··· 8g
とろろ昆布 ·· 6g
三つ葉 ··························· 6g（刻む）
黒こしょう ··· 適量

作り方

1 しじみを炒める

フライパンにオリーブオイルとにんにくを加え、中火で炒める。にんにくが薄く色付いてきたら、しじみを殻ごと入れて炒め合わせる。

2 パスタをゆでる

水、全量の塩、塩昆布、フュメ・ド・ポワソンを加え、沸いたらパスタを入れる。沈めてふたをし、中火で袋表記の時間、加熱する。

3 水分を調整してトッピングをする

時間になったらふたを開け、盛りつける。黒こしょう、とろろ昆布、三つ葉を浮かべ完成。

エビとオクラの和風ジェノベーゼ

材料（1人分）

リングイーネ	80g
水	350mℓ（2人分は500mℓ）
塩	3g
オリーブオイル	25g
にんにく	5g
むきエビ	5尾
オクラ	3本（乱切り）
大葉	20枚（みじん切り）
炒りごま	10g
粉チーズ	5g

作り方

1 パスタを入れ、具材をゆでる

フライパンに水と半量の塩を入れて沸かし、パスタ、オクラ、むきエビを入れる。中火にし、オクラは2分、むきエビは色が変わるくらいまでゆでたらバットなどに上げておく。パスタは袋表記の時間ゆでる。

2 ジェノベーゼベースを作る

すり鉢に炒りごま、にんにく、粉チーズ、残りの塩を入れてすりつぶす。少しずつオリーブオイルを合わせていき、最後に少しずつ大葉を加えてさらにすりつぶし、粗めのペーストを作る。

3 パスタとベースを混ぜ合わせる

時間になったらふたを開け、水分量を調整する。オクラとエビを戻し、**2**のベースを加え混ぜ合わせたら完成。

ナスとベーコンを使い、さっぱりとした和風スープパスタに仕上げます。
僕が幼い頃に食べた、忘れられないカフェイタリアンの味を再現して、
レシピを作りました。

揚げナスとおろしの
さっぱりスープパスタ

材料（1人分）

スパゲッティ	80g
水	430㎖
塩	3g
オリーブオイル	35g(2人分は65g)
にんにく	1かけ(大きめに切る)
唐辛子	少々(砕く)
めんつゆ(3倍濃縮)	40㎖
ナス	1本分120g(大きめの乱切り)
ベーコン	45g(短冊切り)
青ねぎ	適量
大根おろし	40g

MEMO

めんつゆとナス、ベーコンは和風パスタの中でも定番の組み合わせ。スープを飽きずに飲み干せるよう、大根おろしも加えます。

POINT

ナスの皮を下にして焼くことで、必要以上のオイルは吸わせずに、しっかり火を通すことができます。

作り方

1 ナスとベーコンを炒める

フライパンにオリーブオイル、にんにく、唐辛子を入れ、ナスの皮を下にして並べる。弱火でじっくり加熱し始め、ナスにまんべんなく塩をふって焼き色がついたらひっくり返し、ベーコンを加えて色がつくまで炒める。

2 パスタをゆでる

ナスがやわらかくなったらバットに引き上げ、残りの塩、めんつゆ、水を加え沸かす。沸いた中にパスタを入れ、沈めてふたをし、中火で袋表記の時間、加熱する。

3 ナスを戻して水分量を調整する

時間になったらふたを開け、ナスを戻して水分量を調整する。このパスタは、やや汁気が多いのがおすすめ。盛りつけて青ねぎ、大根おろし、少量のめんつゆをかけ完成。

焼きそばをパスタで作ります。キレのあるソースのコクと野菜と肉のうま味がよく絡んだパスタを一口食べると、青のりや焦げの香ばしい風味が口いっぱいに広がり、やみつきになる一皿です。

焼きそば風まかないパスタ

材料（1人分）

スパゲッティ …………………………………………… 80g
水 ……………………………………… 340㎖（2人分は500㎖）
塩 ……………………………………………………… 3.5g
オリーブオイル ………………………………………… 15g
ウスターソース ………………………………………… 30g
豚バラ肉 ………………………………………… 45g(短冊切り)
ミニトマト ……………………………………… 2個(半分に切る)
もやし ………………………………………………… 45g
キャベツ ……………………………… 45g(食べやすい大きさに切る)
揚げ玉 ………………………………………………… 10g
黒こしょう …………………………………………… 適量
紅生姜 ……………………………………………… お好み
青のり ……………………………………………… お好み

MEMO

キャベツの芯は取り除いて捨ててしまいがちですが、実はいちばん甘味があって美味しい部分。薄切りにして一緒に炒めましょう。

作り方

1 肉野菜炒めを作る

フライパンでオリーブオイルを加熱し、豚バラ肉にまんべんなく塩と黒こしょうをふって炒める。次にもやしとキャベツ、少量の塩とウスターソースを加えて炒め、最後にミニトマトを加えてさっと炒めたらバットなどにあげる。

2 パスタをゆでる

水と残りの塩とパスタを入れ、沸いたら沈めてふたをし、中火にして袋表記の時間、加熱する。

3 ソースをかけてトッピングをする

時間になったらふたを取り、具材を戻し、残りのウスターソースを回しかけて炒めつける。盛りつけたら、仕上げに揚げ玉、青のり、紅生姜をかけて完成。

鯛とかぶのスープパスタ

たい

材料（1人分）

スパゲッティ	80g
水	400ml
塩	3g
オリーブオイル	30g（2人分は50g）
にんにく	1かけ（つぶす）
唐辛子	1本（砕く）
フュメ・ド・ポワソン（顆粒）	6g
真鯛切り身	1切れ
かぶ	120g（くし切り、葉は小口切り）
白こしょう	適量
ゆずの皮	適量

作り方

1 鯛を焼く

鯛にまんべんなく塩をふり、約10分おいたら、表面の余分な水分をペーパーでふき取る。フライパンでにんにく、唐辛子、オリーブオイルを中火で加熱し、にんにくがふつふつとしてきたら白こしょうをふった鯛を入れ、皮側から両面焼く。

2 具材を加熱する

くし切りのかぶを加えて少量の塩をふり、にんにくをくずしながらオイルを絡めて炒める。さらに水、残りの塩、フュメ・ド・ポワソンを入れ、沸く直前に、鯛を引き上げ、カブの葉を入れる。

3 パスタをゆでて仕上げる

湯が沸いたらパスタを入れ、沈めてふたをし、中火で袋表記の時間、加熱する。時間になったらふたを開け、鯛を盛りつけ、ゆずの皮をふりかける。

PART 6

特別な日のパスタ

自分へのご褒美、または大切な人たちに。
特別な時間を彩ってくれる、
最高のパスタ料理の数々を解説します。

名作映画『ルパン三世 カリオストロの城』に登場するパスタをイメージした、みんなが憧れるパスタ料理です。ごろっとしたミートボールの美味しさを堪能する、贅沢な肉パスタです。

ミートボールパスタ

材料（1人分）

スパゲッティ	80g
水	390㎖（2人分は500㎖）
塩	3g
オリーブオイル	20g（2人分は35g）
トマトピュレ	120g
粉チーズ(あればグラナパダーノ)	適量
イタリアンパセリ	適量(刻む)

［ミートボール］

牛豚合いびき肉	100g
塩	1g
黒こしょう	少々
フェンネルシード	1g
クミンシード	1g
にんにく	1かけ(すりおろす)
パン粉	5g(水でふやかしておく)
赤ワイン	7g

MEMO

肉＋トマト系パスタソースには、ブロンズタイプの太めパスタがおすすめです。

POINT

スーパーのひき肉には、ふやかしたパン粉をつなぎに使うことで、ふわっとしたミートボールに仕上がります。

作り方

1 ミートボールを作る

ひき肉に半量の塩、黒こしょう、フェンネルシード、クミンシード、にんにく、赤ワイン、パン粉を加えて練り10分ほど冷蔵庫で寝かせる。時間が経ったら、フライパンにオリーブオイルと丸めた肉ダネを入れ、焼き目をつけていく。

2 パスタをゆでる

ミートボールの1つをソースのベースにするためにくずす。トマトピュレ、残りの塩、水を入れて沸かし、パスタを入れて沈め、ふたをして中火で袋表記の時間、加熱する。

3 水分量を調整する

時間になったらふたを開け、好みの水分量になるまで全体を混ぜ合わせながら強火で加熱する。盛りつけて、チーズとイタリアンパセリをかける。

ごろごろサルシッチャパスタ

材料（1人分）

スパゲッティ	80g
水	360㎖（2人分は500㎖）
塩	3g
オリーブオイル	25g
にんにく	1かけ（すりおろす）
豚ひき肉	100g
黒こしょう	少々
赤ワイン	7g
フェンネルシード	3g
小松菜	25g（食べやすい大きさに切る）
ミニトマト	3個（¼に切る）
レモンの皮	適量

作り方

1 サルシッチャを作る

豚ひき肉に半量の塩と黒こしょうをふり、フェンネルシードとにんにくを加え混ぜ、赤ワインを加えて軽く合わせたら、30分ほど冷蔵庫で寝かせる。フライパンにオリーブオイルを入れ、中火にし、寝かせたひき肉に焼き目をつけていく。

2 パスタをゆでる

小松菜に少々の塩をふって炒めたら、バットなどに上げておく。残りの塩と水を入れて沸かし、パスタを入れて沈め、ふたをして中火で袋表記の時間、加熱する。

3 野菜を入れて水分量を調整する

時間になったらふたを開け、小松菜を戻しミニトマトを加えて、温める程度に軽く混ぜ合わせる。必要に応じて水分量を調整して盛りつけ、レモンの皮をすりおろし、仕上げに黒こしょうをかけて完成。

うなボナーラ

材料（1人分）

スパゲッティ	80g
水	370mℓ（2人分は500mℓ）
塩	2g
オリーブオイル	7g（2人分は15g）
白だし	15g
黒こしょう	適量
うなぎのかば焼き	80g（角切り）
卵	1個
粉チーズ	12g
ワサビ	4g
山椒	適量

作り方

1 うなぎを焼く

フライパンにうなぎとオリーブオイルを入れ、中火で皮を香ばしく焼く。トッピング用として、いくつかうなぎを引き上げておく。タレは焦げやすいので注意する。

2 パスタをゆでる

フライパンの中の残りのうなぎは身をくずす。ここに全量の塩、水、白だしを加えて沸かす。沸いたらパスタを入れて沈め、ふたをして中火で袋表記の時間、加熱する。この間に卵と粉チーズを混ぜ合わせ、卵液を作る。

3 卵液を混ぜ合わせる

時間になったらふたを開け、水分量を調整する。火を止めて湯気が落ちついてきたら、2の卵液を加えて一気に混ぜ合わせる。盛りつけたらワサビをのせたうなぎをトッピングし、山椒と黒こしょうをふりかける。

イタリア・トスカーナの伝統料理であるカッチャトーラ（鶏の猟師風煮込み）をワンパンパスタにしました。短時間で鶏の旨みを最大限引き出した絶品のラグーパスタで、ワインとの相性も抜群です。

鶏のトマト煮込みパスタ

材料（1人分）

リングイーネ ……………………………………………… 80g
水 …………………………………… 390ml（2人分は500ml）
塩 ………………………………………………………… 4g
オリーブオイル ……………………………………………… 20g
にんにく ………………………………………… 1かけ(つぶす)
ホールトマト ……………………………………………… 120g
ワインビネガー(または米酢) ………………………………… 数滴
鶏モモ肉
　… 120g（皮をはいで塩をふり、出てきた水分をふき取って1口大に切る）
香味野菜(玉ねぎ、人参、セロリ) ……………… 各20g(粗みじん切り)
オリーブの実 …………………………………… 20g(つぶす)
ケッパー ………………………………………………… 3粒
ローズマリー ……………………………………………… 適量
イタリアンパセリ(またはパセリ) ………………………… 適量(刻む)
黒こしょう ……………………………………………… 適量

MEMO

ローズマリーはできればフレッシュなものがよいですが、乾燥したものでも大丈夫です。

POINT

香味野菜を炒める時は、鶏肉の皮も一緒に炒めます。弱火でじっくりと、野菜が透き通るまで炒めると味にコクが加わります。

作り方

1 野菜と鶏肉を炒める

フライパンに鶏皮、にんにく、オリーブオイルを入れ中火で熱し、にんにくがふつふつとしたらローズマリー、香味野菜を加え、まんべんなく塩をふり約10分炒める。次に鶏肉、オリーブの実、ケッパーを加え、少量の塩と黒こしょうをふって軽く炒める。

2 パスタをゆでる

ホールトマト、水、ワインビネガー、残りの塩を入れて沸かす。この時ホールトマトはあまりつぶさないでおく。沸いたらパスタを入れ、ふたをして中火で袋表記の時間、加熱する。

3 水分量を調整する

時間になったらふたを開け、ローズマリーを取り除く。好みの水分量まで調整し、盛りつけてイタリアンパセリと黒こしょうをかける。

イタリアのワンパンパスタといえばこれです。具材はじゃがいもや豆など、バリエーションは沢山あり、野菜をコトコト煮込んだホッとするイタリアのマンマの味。

パスタ・エ・パターテ

材料（1人分）

パスタミスタ	80g
水	500mℓ
塩	4g
オリーブオイル	30g（2人分は55g）
にんにく	2かけ（つぶす）
トマトペースト	3g
コンソメ	4g
じゃがいも	100g（角切り）
香味野菜（玉ねぎ、人参、セロリ）	各30g（みじん切り）
粉チーズ	10g
イタリアンパセリ	適量
黒こしょう	適量

MEMO

色々な形や種類のパスタを取り混ぜたものがパスタミスタ。家庭では袋に少し残ってしまったパスタなどを折って使うと良いでしょう。

POINT

コトコト煮込んでいくと、さまざまな形のパスタとじゃがいものとろみが絡み合い、ほっとするやさしい味に仕上がります。

作り方

1 野菜を炒める

フライパンでにんにくとオリーブオイル（仕上げ用に少量残す）を中火で熱し、にんにくがふつふつとしてきたら香味野菜を入れて全量の塩をふって炒める。水分がなくなったらじゃがいもを加えてさらに炒める。

2 パスタミスタをゆでる

トマトペースト、コンソメ、水を入れて沸かす。沸いたらパスタミスタを入れ、ふたをして中火で袋表記の時間、加熱する。

3 粉チーズを混ぜ合わせる

時間になったらふたを開け、汁気が残っていたら煮詰めてとろっとしてきたら火を止める。粉チーズを混ぜ合わせて盛りつけ、イタリアンパセリと黒こしょうをかけ、最後にオリーブオイルを回しかける。

カキと春菊のアラビアータ

材料（1人分）

スパゲッティ ………………………………… 80g
水 …………………… 280㎖（2人分は430㎖）
塩 ………………………………………… 3g
オリーブオイル …………… 30g（2人分は55g）
にんにく ………………… 1かけ（みじん切り）
唐辛子 ……………………………… 1本（砕く）
トマトピュレ ……………………………… 100g
カキ …………………… 80g（塩水で洗う）
春菊 …………………………… 35g（小口切り）

作り方

1 カキを加熱する

フライパンににんにくと唐辛子、オリーブオイルを入れて加熱し、にんにくがふつふつとしてきたら極弱火に落とす。にんにくが薄く色付いてきたら、少量の塩をふったカキを加え、ぷっくりしたらバットなどに上げておく。

2 パスタをゆでる

残りの塩と水、トマトピュレを加えて沸かし、パスタを沈めてふたをし、中火で袋表記の時間、加熱する。

3 春菊とカキを入れる

時間になったらふたを開け、春菊と先ほど引き上げたカキを入れる。好みの水分量になるまで調整して完成。

しゃぶしゃぶスープパスタ

材料（1人分）

スパゲッティ	80g
水	450mℓ（2人分は850mℓ）
塩	3g
オリーブオイル	30g（2人分は55g）
にんにく	1かけ（スライス）
コンソメ顆粒(あればビーフコンソメ)	6g
牛肉(しゃぶしゃぶ用)	100g
レタス	40g（ちぎる）
くず野菜	適量（あれば）
青ねぎ	適量
粉チーズ	適量
黒こしょう	適量

作り方

1 にんにくチップとだしを作る

フライパンににんにくとオリーブオイルを入れ、中火で熱し、ふつふつしたら極弱火に落とす。にんにくがカリカリになったらバットなどに上げておき、水、全量の塩、コンソメ、くず野菜を入れて火にかけ沸騰させる。

2 牛肉とレタスを湯にくぐらせる

沸いたらくず野菜は取り出し、弱火にして牛肉とレタスを湯にくぐらせてバットなどに上げる。牛肉の上にレタスをのせておくと保温ができて、温かいままで食べることができる。

3 パスタをゆでる

沸いたらパスタを入れる。沈めてふたをし、中火で袋表記の時間、加熱する。時間がきたらふたを開け、水分量を調節して盛りつけ、レタス、牛肉をのせてにんにくチップ、青ねぎ、粉チーズ、黒こしょうをかける。

ファビオオリジナル パスタ早見表

A_ アルデンテの強さ

★☆☆☆☆ …コシがほぼない柔らかさ
★★☆☆☆ …やや柔らかい
★★★☆☆ …硬さと柔らかさのバランス良い
★★★★☆ …やや硬い
★★★★★ …歯ごたえがしっかりある硬さ

B_ ソースのとろみ具合

★☆☆☆☆ …ほぼとろみはない
★★☆☆☆ …気持ちとろみがある
★★★☆☆ …バランスの良いソース
★★★★☆ …ややとろみが強い
★★★★★ …しっかりとろみがある

C_ 小麦の香り

★☆☆☆☆ …ほぼ感じない
★★☆☆☆ …やや弱い
★★★☆☆ …標準
★★★★☆ …やや強い
★★★★★ …しっかりと感じる

D_ おすすめレシピ | 本書の60のレシピの中から、各パスタに特におすすめのレシピを2品掲載しています。|

ディ・チェコ スパゲッティ
No.12（1.9mm）

A … ★★★☆☆	**3.0**
B … ★★★★★	**5.0**
C … ★★★☆☆	**3.0**
D … 濃厚ポモドーロ、くたくたブロッコリーのパスタ	

ガロファロ スパゲッティ
（1.9mm）

A … ★★★★☆	**4.0**
B … ★★★★★	**5.0**
C … ★★★★★	**5.0**
D … カッチョエペペ、アスパラガスのラグーパスタ	

モンスーロ スパゲッティ
No.118（1.7mm）

A … ★★★☆☆	**3.5**
B … ★★★★☆	**4.5**
C … ★★★☆☆	**3.0**
D … ツナ缶とカリカリパン粉のパスタ、アマトリチャーナ風パスタ	

アルチェネロ 有機スパゲッティ
（1.6mm）

A … ★☆☆☆☆	**1.0**
B … ★★★★☆	**4.5**
C … ★★★☆☆	**3.5**
D … 丸ごと玉ねぎパスタ、エビとオクラの和風ジェノベーゼ	

ヴォイエッロ スパゲッティーニ
（1.7mm）

A … ★★★★☆	**4.0**
B … ★★★★☆	**4.0**
C … ★★★☆☆	**3.5**
D … 貧乏人のパスタ、揚げナスとトマトのパスタ	

ラ・モリサーナ スパゲッティ
（1.7mm）

A … ★★★★★	**5.0**
B … ★★★☆☆	**3.0**
C … ★★☆☆☆	**2.5**
D … やみつきペペロンチーノ、ローマ風カルボナーラ	

ペズロ スパゲッティ No.3
（1.7mm）

A … ★★★★☆	**4.8**
B … ★★★☆☆	**3.0**
C … ★★★☆☆	**3.0**
D … ナポリのトマトパスタ、タコのプッタネスカ	

ブルネッラ スパゲッティ No.7
（1.7mm）

A … ★★★★☆	**4.6**
B … ★★★☆☆	**3.0**
C … ★★★☆☆	**3.5**
D … 鯛とかぶのスープパスタ、しゃぶしゃぶスープパスタ	

ディヴェッラ スパゲッティ
リストランテ No.8（1.75mm）

A … ★★★★★	**5.0**
B … ★★★☆☆	**2.8**
C … ★★★☆☆	**3.0**
D … もつとゴボウのアラビアータ、カキと春菊のアラビアータ	

スーパーで購入できるパスタ乾麺21種類を集め、各パスタを同じ条件で袋表記の時間ゆでで、
咀嚼時に感じるアルデンテの強さや小麦の風味、ソースのとろみ具合などを計測し、レベル別で評価をしました。
パスタが大好きな人や、さらに美味しさを追求したい方は、ぜひ参考にしてみてください。

バリラ スパゲッティ No.4
(1.6mm)

A…★★★★☆	4.9	
B…★★★	3.0	
C…★★★☆	3.5	
D…暗殺者のパスタ、 　和風スープボンゴレ		

セブンプレミアム スパゲッティ
(1.7mm)

A…★★★★☆	4.7	
B…★★★☆	3.5	
C…★★★	3.0	
D…わが家の納豆ミート、 　ふんわり卵かけパスタ		

マ・マー スパゲティ
(1.6mm)

A…★★★★☆	4.7	
B…★★★★	4.0	
C…★★☆	2.5	
D…焼きナポリタン、 　白いナポリタン		

マ・マー 早ゆでスパゲティ
FineFast(1.6mm)※

A…★★★☆☆	2.5	
B…★★☆☆	2.0	
C…★★☆☆	2.0	
D…焼きナポリタン、 　白いナポリタン		

レガーロ スパゲッティ
(1.5mm)

A…★★★★☆	4.6	
B…★★★	3.0	
C…★★★☆	3.0	
D…スープペペロンチーノ、 　鯛とかぶのスープパスタ		

アネージ スパゲティ
(1.7mm)

A…★★★★★	4.9	
B…★★★	3.0	
C…★★★	3.0	
D…有頭エビのアラビアータ、 　ミートボールパスタ		

カーボフ 糖質50%off
(1.6mm)

A…★★★★★	5.0	
B…★★★★☆	4.5	
C…★★☆	2.0	
D…カリフラワーとイカのペペロンチーノ、 　鶏のトマト煮込みパスタ		

アルチェネロ 有機グルテンフリー・
スパゲッティ(1.6mm)

A…★★★★☆	4.8	
B…★★★★☆	4.5	
C…★★★★☆	4.5	
D…喫茶店のミートソースパスタ、 　コーン缶ペペロンチーノ		

ディ・チェコ リングイーネ
No.7

A…★★★	3.0	
B…★★★★★	5.0	
C…★★★	3.0	
D…カニ缶トマトクリーム、 　ハムのトマトクリームパスタ		

ガロファロ リングイネ

A…★★★★	4.0	
B…★★★★★	5.0	
C…★★★★	4.0	
D…クラシックジェノベーゼ、 　ホタテと白菜のクリームスープパスタ		

ヴォイエッロ リングイネ リガーテ

A…★★★★☆	4.5	
B…★★★★	4.0	
C…★★★	3.0	
D…揚げズッキーニのパスタ、 　たらことタラのクリームパスタ		

ラ・モリサーナ リングイネ・
ブロンズ No.6

A…★★★★★	5.0	
B…★★★☆	3.0	
C…★★★★☆	3.5	
D…サーモンと青のりクリームパスタ、 　なめたけおろしパスタ		

※早ゆで3分パスタを使う場合は水分量を270mlにして調理すると◎

ファビオ

YouTubeチャンネル『ファビオ飯/イタリア料理人の世界』を主宰するイタリア料理人。YouTubeは登録者数79万人(2024年4月22日時点)。16歳からイタリアへ留学。20歳からドイツ、イタリアで6年修業し帰国。現在はYouTubeを中心にメディア活動、商品開発やレシピ提供などを行う。著書に『出汁と素材の味を最大限に引き出す ファビオのとっておきパスタ』(ナツメ社)、『火入れを極める ファビオの肉料理』(ナツメ社)、『自分史上最高においしくできる ファビオ式定番おうちごはん』(PHP研究所)がある。

 YouTube
『ファビオ飯／イタリア料理人の世界』

(STAFF)

[撮影]… 小禄慎一郎
[デザイン]… 松本歩(細山田デザイン事務所)
[編集協力]… 岡田稔子

[フライパン提供]… 北陸アルミニウム株式会社
[材料提供]… モンテ物産株式会社

フライパンひとつで完成！
くり返し作りたくなる

至福のおうちパスタ

2024年3月19日　初版第1刷発行
2024年5月13日　　第2刷発行

著　者　ファビオ
発行者　永田和泉
発行所　株式会社イースト・プレス
　　　　〒101-0051
　　　　東京都千代田区神田神保町2-4-7 久月神田ビル
　　　　Tel:03-5213-4700　Fax:03-5213-4701
　　　　https://www.eastpress.co.jp

印刷所　株式会社広済堂ネクスト

©fabio 2024 , Printed in Japan
ISBN 978-4-7816-2295-8